如何说顾客才会听 如何做顾客才会买

RUHESHUOGUKECAIHUITING
RUHEZUOGUKECAIHUIMAI

张汇通◎著

中国商业出版社

图书在版编目（CIP）数据

如何说顾客才会听，如何做顾客才会买 / 张汇通著 . —北京：中国商业出版社，2014.3

ISBN 978-7-5044-8370-6

Ⅰ. ①如… Ⅱ. ①张…Ⅲ. ①销售学 Ⅳ. ① F713.3

中国版本图书馆 CIP 数据核字（2014）第 016995 号

责任编辑：于任辉

中国商业出版社出版发行

010-63180647 www.c-cbook.com

（100053 北京广安门内报国寺 1 号）

新华书店总店北京发行所经销

香河县宏润印刷有限公司

*

710×1000 毫米 16 开 14 印张 222 千字

2014 年 3 月第 1 版 2014 年 3 月第 1 次印刷

定价：29.80 元

* * * *

前言

PREFACE

“成功的推销员一定是一个伟大的心理学家！”学好管理学、经济学，不如掌握心理学。销售人员最大的优势是心理素质好、情商高，销售工作非同凡响的关键就是在掌握客户心理的基础上展开攻势，逐一化解销售难题，赢得大单！

生活中，这样的场景你熟悉吗？

小王带着他的女朋友小丽去逛街，小丽看上了一套衣服，小王一看标价，2800元，觉得太贵了，可是看到女朋友渴望的眼神，只好跟销售员杀价了。

小王：“这套衣服太贵了，能不能便宜点？”

销售员：“不贵！这可是意大利名牌，又是今年的最新款，我们卖得是最便宜的了！有心买我给你打个九五折。”

小王：“六折！”

销售员：“不可能！哪有那么便宜，我进货都进不来，如果有那么便宜，你卖给我好了，有多少都要。这样吧，看你有心，给你最低价，九折！”

小王：“九折太贵了，最多七折，卖不卖？”

……

结果会怎么样呢？通常是小王带着小丽货比三家去了！好好的一笔生意就这样没了！这可是每个店铺天天都在发生的事情。

其实，在销售过程中，杀价是再正常不过的事情了，上面这个销售个案之所以不成功，是因为销售员不懂心理学的缘故，销售人员为了不被顾客杀价，很自然地就站在了顾客的对立面，这样的结果，销售过程很自然就变成了一场战争，既然是战争，就算是销售成功，也只能是两败俱伤的结果。

作为销售人员在销售过程中不能跟顾客作对，难道任由顾客杀价？当然不是，一个懂得心理学的销售人员，永远不会与顾客讨价还价，我们来看看以下场景：

小王："这套衣服太贵了，能不能便宜点？"

销售员："是的，这套衣服确实有点贵，但你的女朋友这么漂亮，穿上这套衣服一定很好看，先穿上试试？"

（小丽穿上衣服后）

销售员："你看，多好看！你真幸福，有这么好的女朋友，我在这个店工作已经三年了，以我的经验，只有那些很爱他女朋友的男孩子才舍得买这么名贵的衣服给女朋友的。好羡慕你啊！"

……

话说到这里了，小王能不买吗？

为什么这次会销售成功呢？因为在这里，销售人员用了实用心理学中的一个很简单的方法，既夸奖了小王女友的美丽，又肯定了小王的大方——这样，如果小王认为销售人员说的是对的，他自然就会做出你要的购买行为。

毋庸置疑，销售是一项伟大的事业，也是一门科学、一门艺术，更是一场心理战。销售人员在业内的地位如何，能够取得怎样的业绩，在很大程度上取决于他与人打交道的能力——与客户沟通、交际、博弈。销售不仅仅只是销售人员与客户之间进行商品与金钱等价交换那么简单，它更需要对心理学的掌握与利用。这种做人做事的终极法则就是：洞悉他人的心理，然后对症下药，使对方不得不按照你的意愿行事。

本书是一本结合销售实践和最新心理学研究成果的实用工具书，对销售人员在销售的过程中的不同阶段，消费者的不同心理，以及销售人员应该怎么去面对客户等方面都作了详细的介绍，相信会对销售人员的工作有着很强的指导作用。

通过阅读这本书，您不仅可以领略到阅读的乐趣，还可以了解销售心理学方面的专业知识，在轻松愉快的氛围中掌握销售技巧。

最后，祝愿大家都能实现自己的销售梦想，成为行业销售的佼佼者！

CONTENTS

目录

上篇

如何说顾客才会听

下篇
如何做顾客才会买

第一章　真实展示所推销产品的实效——露脸的产品才是顾客购买的发端

第二章　服务到位——顾客要买的是不让他操心的产品

第一章

在形象上赢得认可

——诚信的外表是客户愿意听你说话的前提

推销员在与客户打交道时，其个人品质会使客户产生好恶等不同的心理反应，从而潜在地影响着交易的成败。因此，推销员在推销产品时，首先应是推销自己的人品，把自己的热情、善意、诚挚和爱心呈现给对方，最终赢得销售的成功也就是水到渠成的事情了。

如何说 顾客才会听

上篇

诚信是让顾客主动上门的金字招牌

诚信是诚实、守信的浓缩。在做人上诚信是优秀的品德，在做生意中是必要的职业道德，诚信历来是人品的重要组成部分，在我们的日常销售工作中也发挥着相当重要的影响力。实际上，在对产品的推销中，没有诚信，就没有交易。

据美国纽约销售联谊会统计：70% 的人之所以从你那购买产品，是因为他们喜欢你、信任你和尊敬你。因此，要使交易成功，诚信不但是最好的策略，而且是唯一的策略。

赫克金法则源于美国营销专家赫克金的一句名言："要当一名好的销售人员，首先要做一个好人。"这就是赫克金强调的营销中的诚信法则。美国的一项销售人员调查表明，优秀销售人员的业绩是普通销售人员业绩的 300 倍，其真正原因与长相无关，与年龄大小无关，也与性格是否内向或外向无关。而是与如何做人，是否是一个诚信之人有关。

因此说，要想使大部分客户接受你，做一个诚实守信之人才是成功的根本。

在推销过程中，如果失去了信用，也许一笔大买卖就会泡汤。信用有小信用和大信用之分，大信用固然重要，却是由许多小信用积累而成。有时候，守了一辈子信用，只因失去一个小信用而使唾手可得的生意泡汤。推销高手们是最讲信用的，有一说一、实事求是、言必信行必果，对顾客以信用为先，以品行为本，使顾客信赖，使用户放心地同你做交易。

对于一个销售人员来讲，顾客就是上帝，顾客有权拒绝。然而，当优秀的销售人员带着不错的产品，一次次真诚地拜访时，最终总能赢得顾客的青睐。产品不是万能的，任何产品都有它起作用的范围和无法起作用的范围。这是一个基本常识。但是，在某些销售人员看来，他们的产品就是万能的，他们向客户介绍产品时，恣意夸大产品的性能，这无疑给他们日后的推销工作带来了隐患。

有一位成功的销售人员，每次登门与对方谈业务时，开头的第一句话就是："我只打扰您10分钟。"时间一到他便起身告辞："对不起，10分钟到了，我该告辞了。"如果双方商谈顺利，对方会建议继续下去，那么，他便说："那好，我再打扰您10分钟。"然后再谈。

对此，凡是与他打过交道的客户对此的反应因人而异，绝大部分人说："嗯，你这个人真守信。"也有人会说："咳，你这人真死脑筋，再谈会儿吧！"

销售人员最重要的就是要赢得客户的信赖，但不管采用何种方法，都得从一些微不足道的小事做起，守时就是其中一种。这是用小小的信用来赢得客户的大信任，因为你开始答应会谈10分钟，时间一到便告辞，就表示你百分之百地信守诺言。顾客也会耐心地听你说下去。

在当今竞争日趋激烈的市场条件下，信誉已成为竞争制胜的极其重要的条件和手段。唯有守信，才能为销售人员赢得信誉，谁赢得了信誉，谁就能在市场上立于不败之地；谁损害或葬送了信誉，谁就要被市场所淘汰。销售人员最重要的是要赢得客户的信赖，但不管采用何种方法，都得从一些微不足道的小事做起，从每一个细节表现你的真诚，以此告诉顾客：我是个诚信之人。

诚实守信，以诚相待，是所有推销学上最有效、最高明、最实际也是最长久的方法，林肯曾经说过：一个人可能在所有的时间欺骗某些人，也可能在某些时间欺骗所有的人，但不可能在所有的时间欺骗所有的人。对于销售人员来说这个道理也同样适用，在一个信息传播日益迅速的市场环境下，销售人员的小手段、小聪明是很容易被看破的，即便偶尔让顾客信任了你，但这种信任也是相当短暂的。要想赢得客户，诚信才是最有效的办法。

要做到诚信，不是很难的事情。而违反诚信法则的人，是无法在这个行业中生存下去的。美国销售专家齐格拉对此深入分析：一个能说会道却心术不正的人，能够说得许多客户以高价购买劣质甚至无用的产品，但由此产生的却是三个方面的损失：客户损失了钱，也多少丧失了对他的信任感；销售人员不但损失了自重精神，还可能因这笔一时的收益而失去了成功的推销生涯；从整个行业来说，损失的是声望和公众对他的信赖。

那么，销售人员如何体现自己的诚信呢？我们认为最基本的要做到：

1. 不做夸张的宣传

有些推销员把自己推销的产品夸赞得好的没边，歪曲了事实。但实际上，这样做有百害而无一利。

2. 避免说自相矛盾的话

这点其实很容易做到。也许你讲话过快，以至于中心意思不够突出。或者你表达能力较差，无法有序表达自己的观点。这都不要紧。只需要耐心等待，直到自己的声带与大脑完全合拍，这样你再开口则基本不会出现任何问题了。

3. 表现出宽容

对顾客的不适当批评和指责要解释但态度不能生硬、过激。要摆事实，说真话，但要避免使对方感到困窘。

4. 不为他人做托

有时候，你可能会遇到别人要求你为他说谎，或为他们掩饰实情。要记住，你对此要坚决予以拒绝。一个老板最差劲的行为，就是强迫他的雇员为他说谎，而这也是一个雇员要做的最困难的决定。当然，如果你这样做了，你的老板可能很震怒，或许因此对你有一份意外的尊敬，从此不再要求你为他掩饰。但是，如果他的反应真是很震怒，并强迫你，那你宁可辞职。

当然，要做一个诚信的推销员，首先自己就要做到不让别人替自己说谎话。

谈生意应以诚信为前提

常言道：“君子以信为大宝也。”“诚招天下客，信收海内心。”意思都是在说，讲诚信是做成生意的前提，如果一张嘴就让顾客感觉到你说的尽是谎话、大话，他会和你继续谈下去吗？有人说无商不奸，其实，商战中要使自己的事业有长远的发展，必须“以德为本”，恪守商业道德。做生意的第一要诀就是真诚。只有真诚对待客户，才能做成大生意，才能有长久的合作。弄虚作假，只能是一锤子买卖，终究是水中捞月。千万别说谎，即使只说了一次，也可能使你信誉扫地。

还有一点非常关键——不要轻易向客户许下诺言。如果你推销的电话交换机系统需要两个月才能完全安装调试完毕，那么你不能只是为了与客户签下协议而谎称三个星期就够了。这种无法兑现的承诺甚至有可能会引起公司间的纠纷，并最终失去现有的客户。

事实上，有时即使是非常专业的推销员也不可能回答出客户所有的问题。遇到这种情况，你可以诚心诚意、直截了当地说：“对不起，我现在一时无法回答你的问题，但我回去后会马上查找答案，很快就给你回电话。”当然，如果你总是这样向客户解释，那就说明你并没有做好充分的准备工作。不过，这种坦率的回答倒是体现了你的诚恳，这总比说假话、敷衍你的客户好得多。

如果时间和条件允许的话，你最好立刻着手查找答案。例如，当客户问起你不熟悉的汽车挡速时，你可以说：“咱们现在就去请教技术专家。”然后，你把他带到一位汽车技师那里去，让他当面提出问题并得到正确的答案。

在推销过程中，你一定要让客户感觉出你很真诚。那么，怎样做才能让客户在见你第一面时就觉得你很真诚呢？这里提供几条建议：

第一，要真诚地注视顾客。这是一个最基本的礼貌，它可以让客户感受到被尊重的满足。

俗话说，眼睛是心灵之窗。眼神是心灵情感的流露，一个优秀推销员的眼神既要清澈明亮，又要富于变化。心理学家认为，眼神在你与别人沟通时能发出最准确、最清晰的信号。正如爱默生所说的："人的眼睛和舌头所说的话一样多，而且不需要查字典就能从眼睛的语言中了解整个世界。"眼神作为特殊的人体语言，往往能将意思表达得更为微妙、含蓄。它的含义也颇为丰富：惊喜的、温和的、冰冷的、生硬的、好奇的，等等。因此，要让客户看到你真诚的心，你就必须熟练地运用眼神所富含的语言，这样才可能赢得客户的关注、信任和支持。

第二，当你和客户说话时，一定要正视对方的眼睛，而当你聆听时，要看着对方的嘴唇。否则，客户会把你的心不在焉理解为你不诚实，心里有鬼。

有的推销员因为羞怯而不敢直视客户的眼睛，但是客户们绝不会相信一个推销员会害羞。因此，要鼓励自己努力学会用眼神交流，不管它有多么困难。

当然，正视客户的眼睛也要有分寸，否则就事与愿违了。不要直直地盯着客户的眼睛一动不动，让人觉得你不太友好、居心叵测。当然，也不要目光聚集在一处不动，一副灵魂出壳的样子，客户会以为你对他的谈话丝毫不感兴趣。在注视的过程中，还应该时时保持思考状态、点头同意、微笑赞许等表情，如此才显得自然、大方、得体，才能让对方感觉到你的真诚。

第三，在整个推销过程中，你应该始终集中注意力。没有什么比一方在侃侃而谈，而另一方却在东张西望显得更唐突无礼和令人讨厌了。

如果你的精力不集中，你的客户就会想："这小子以为自己有多了不起呢。他要是不把我放在眼里，我才不管他卖的是什么——就算白送给我，我也不要。"你要记住，你不仅仅要通过语言来交谈，还有你的眼神、表情和身体语言。你必须彻头彻尾地真诚，否则在客户的眼中，你就是一个不可靠的人。

同样重要的是，你要非常留意你的态度要真诚而不贪婪。要是赚得太狠，客户就不会愿意与你再度合作。贪婪很可能毁掉你的信誉，使你失去更多的生意。你需要的是长期的、多次的合作，而合作只有在双方都感到满意时才称得上是好的合作。

日本山一证券公司的创始人小池出身贫寒，20岁时他在一家机械公司谋到一份推销员的工作。曾经有一段时间，他推销机器非常顺利，不到半个月的时间就与33位客户达成了协议。但是合同签订之后，他发现公司出售的机器比其他公司生产的同样性能的机器价格贵了很多。他想，与他订货的客户如果知道了，一定会对他的信用产生怀疑。于是，深感不安的地他立即带上订货单、合同书以及定金，整整用了三天的时间逐个拜访客户，然后非常诚恳地向客户说明他推销的机器比其他公司的贵，可以解除合约。

这种诚实的做法使所有的客户都深受感动，结果33位客户中没有一人毁约，相反，他们加深了对小池的信赖和敬佩。消息不胫而走，从那以后，人们都知道小池非常诚实，纷纷向他订购机器。诚实使小池财源广进。

推销员诚实的品格将赢得客户的信任，这种信任是交易成功的基础。无论推销员的言辞或举止如何让人喜欢，如果他不真诚，如果他说的是假话，如果他不能取得客户的信任，那么他所推销的产品再好，客户也不会搭理他的。

一流的推销员是不会欺骗客户的，世界上最大的傻瓜就是把别人都当成傻瓜的人。现在的客户都非常精明和聪慧，任何一个客户都能够很容易或很直观地看出你对他们是否真诚。

当你想要因为某种原因而欺骗客户的时候，客户会很容易地识破你，而这时你失去的不只是一个客户，而是包括与这个客户有关系的所有人。

留下良好的第一印象

在销售活动中，销售人员给顾客留下的第一印象非常重要。可以说，它是接洽的开始，在很大程度上影响着客户以后对你的看法及信任程度，也决定着交易能否成功。

销售人员应该记住这样一句话“形象就是名片”。心理学中有一种心理效应叫做“首因效应”，即第一次交往中给人留下的印象在对方的头脑中形成并占据着主导地位，也就是我们常常说的“第一印象”最重要。第一次见面给对方的印象会根深蒂固地留在对方的脑海里，如果你穿着得体，举止优雅，言语礼貌，对方就会心生好感，认为你是个有修养、懂礼仪的人，从而愿意和你交往；如果你服饰怪异、态度傲慢、言语粗俗，对方就会认为你是个没有修养、不求上进的家伙，从而心生厌恶，不愿意和你接触，即使你下次改正了，也难以重获对方的好感，这就是首因效应的作用。

那些注重合作的客户认为，销售人员的形象往往代表了其所属公司的产品服务质量和合作态度，因此他们十分在意第一次见面时销售人员的谈吐、衣着、气质等。包括销售人员所展示的：

1. 可亲的表情

在第一次与客户面谈时，如果销售人员的做法很客套，过于客气，反而会造成紧张气氛，而紧张的气氛往往无助于业务的达成，适度的微笑可以有效地缓解气氛。微笑时应大方得体，不做作，不应用手捂嘴大笑。

2. 良好的外表

良好的外表并不是指面容的漂亮，而是指服饰整洁得体，穿着与自己的身份、销售的产品和公司的形象相符。一般来说，与客户面谈时，男士着深色的正装是合适的，而女士着职业套装是恰当的。

3. 恰当的身体语言

要建立良好的印象，身体语言很重要。身体语言包括握手、目光接触、微笑、交换名片等等。比如，合适的握手姿势应是伸出一只手掌，力度要适中；与客户面谈时，目光不要到处游离，闪烁不定。

总之，第一次与客户见面的时候，一切不能是装出来的，而要由心而发，把你的内在美全部展示出来。当你意识到，推销的成功在很大程度上取决于顾客对你的第一印象时，你便可能设计出最佳形象。

需要注意的是，与客户第一次见面时还要考虑具体的场景、情境，并善于处理好面谈的细节。如果不能在这方面很好地掌控客户的心理感受，那么也容易遭遇失败。

业务员赵刚有 1.80 米的身高，让很多人羡慕。但是在第一次推销时，这却成了他失败的诱因。原来，与赵刚谈业务的那位客户身材很矮小，只有 1.65 米的身高。而且两人的距离又很近，尽管赵刚尽全力介绍自己的产品，力图唤起客户的兴趣，但是客户的面部表情却很难看，甚至不自觉地向后退。最终，这次谈判没有成功。

后来，赵刚请教销售主管，询问其中的缘由。了解了当时的情况以后，销售主管说："你感觉你的身高是优势吗？在和客户谈判的时候，你的身高让客户感觉很压抑，所以他根本没心思听你说话。我猜他当时恨不得马上离开你。记住，以后与客户谈生意时，你要考虑到身高差距这一细节，掌握好谈话的适当距离。

可见，细节决定成败，恰当地照顾到自己特殊的肢体表现也是很重要的，当然，在实践中第一印象不仅包括相貌、服装等个人印象，还可能是销售人员给客户的资料，也可能是电话中销售人员的声音和语气。因此，无论以哪种形式与客户接触，销售人员都要打起百分之百的精神，努力让客户"喜欢或信任"你。

让顾客觉得你说话靠谱

如果推销员也能换位思考，站在客户的角度来看推销，就能发现有很多方法可以引导客户完成交易。其中，让客户感觉在与你接触时，你说的话都很靠谱，就会让客户信任你。

一个优秀的推销员，在与他人交往的过程中会逐渐表现出一种吸引力，从而易于与他人建立和保持良好的人际关系。有研究表明，人们在对他们所喜欢的个性品质的评价中，把“诚实”放在最高的位置，而评价最低的则是话语听起来不诚实。毫无疑问，一个人要想吸引别人、赢得别人，与别人保持良好的交往，“诚实”是必须有的品质。人与人之间真诚相待，会使您体验到真实友好的情感，人际关系自然向纵深发展。

如果一位顾客真的想购买某件商品，他肯定要提出许多相关的问题，这时推销员必须能清楚、准确地回答，没有半点隐瞒和虚假。比如：

一位顾客想买一袋蔬菜种子，但他发现，这家蔬菜种子公司的种子可能是好的，就是比别人家的贵。这时营业员就应该意识到，这位顾客肯定是要买的，他之所以提出价钱贵的问题，是因为吃不准到底这种价格差产生的原因是什么。明确了这些问题，营业员就可以向顾客作出如下推销和解释：“我们公司的种子进货渠道与其他公司不一样，我们是从某某城市某某著名的大种子公司进的。”

“我们公司的种子由中国人民保险公司保险。如果出了质量问题，一亩地赔偿损失 400 元。”

假设每个推销员都能这么做的话，推销员肯定会给顾客留下好感并会接着听你说下去。

推销员要记住，话语不真诚，顾客是听得出来的，你一面表现出温柔的微笑，可是一面又表现出“今天非抓住你不可”的咄咄逼人的态势，必定引起顾客一种防备笑里藏刀的警戒心。当然，能够立即成交最好，但是强迫推销倒不如放长线钓大鱼，让他回去考虑一下明天再来，也许这件不买，但下次来会买别的商品。

多年前一则宣传理光复印机的广告，大家对它的广告词一定还记忆犹新：“用普通办公用纸就能复印文件。”过去机关文书的复印使用专用纸张，对纸质要求非常高，每年政府机关为复印用纸的巨额花销头痛不已。这个问题各家复印机厂的推销员都很清楚，但复印机都是国外进口的，国外没有复印用纸与普通办公用纸的区别，因此进口的机器根本不能为普通办公用纸提供复印。

理光公司的一位推销员，在推销该复印机前，先去了技术部，询问是否能改造机器，使机器能适应普通办公用纸的复印需求。技术部人员，仔细研究后，认为可以改进复印机的某些设置，以适应普通办公用纸。推销员在得到这个准确讯息后，开始到各政府机关推销这种改进后的复印机。客户听到后，对理光产生无比的好感，在极短的时间内，理光的这款机器成为政府机关的主力复印机种。

由此可见，推销员在与准客户见面前，若是能事先知道客户面临着哪些问题，有哪些因素困扰着他，你若能以关切的态度站在客户的立场上表达你对客户的关心，让客户能感受到你愿意与他共同解决问题，他必定会对你产生好感。

一般而言，推销员与普通客户的交往主要受双方相似因素的影响，尤其是受对某事物态度或观点的一致性的影响。这是因为推销员与普通客户的交往一般是以商品交换为基础的，交往双方需要在很多方面达成共识，才能完成一次交易。而对于某些推销员来说，要好的朋友也是他们的客户，他们的交往不限于商品交换，还需要从对方身上获得更多情感、思想的交流，因而受互补因素的影响会更大一些。

耐心地为顾客做解答

在推销活动中，销售员经常会遇到客户各种各样的异议，客户会对产品提出这样那样的毛病或不足，比如：

“你产品的样式我没相中。”

“这款价格太高了……”

“你介绍的产品的那些优点属实吗？”

“这就是一款大路货呀！”

……

作为销售员，当面对这种情况，你会不会感觉很难抵挡，不知怎样回答。客户好像真的对产品不满意，当你无法说服他时，是否准备放弃？

如果你是一个优秀推销员，你就可以从中看出对方意见中的另一面——有购买意愿，因为正是对方喜欢这个产品才对产品有诸多挑剔，没有安全感。此时正是推销员再度出击的好时候。

如果客户是对产品本身没有安全感，不一定说明你推销的产品真的就存在安全隐患，或潜伏商业欺诈，也有可能就是你介绍得不到位、不清楚，你应耐心做出合理的解释，那么客户的挑剔，就是成交的契机。

在某大型汽车展销会上，一名金牌销售员带领客户参观展品。有一位客户看了几辆汽车后，在主打产品前停了下来，听完销售员介绍后，他摇了摇头说：“××牌新上市的汽车，和你们主打的这款一样都是小型车，同为五星级产品。但是它排量是1.6升，你们这个才1.4升，而且你们这个车噪音相对有点大。”

对此，这位销售员解释说：“你说的的确没错，看来你对汽车真是很了解。那你也一定了解我们车的指标，噪声虽然相对那一款较大，但是仍远远低于国家标准。你可以体验一下，绝对不会影响你的驾车感受。你驾驶我们的汽车，我向你保证，绝对舒适。你再看看我们的汽车，外观上比另外那款更加流畅，也更符合现代年轻白领精英的身份，衬托出你的气质。我们的排量虽然比那款略小，但是动力是绝对足够的，完全适合你在城市中使用。事实是我们的汽车正是这样设计的，目的是在满足驾车人需求的基础上，尽量节省燃料，为客户考虑的同时也符合现在低碳生活的节约理念。现在汽油一直在涨价，你选择一辆节省燃料的汽车肯定是个明智的选择，一个月能够为你节省很多开销！您可以把这些省下来的钱做别的投资！而且我们为了回馈客户，现在购买可以赠你 1 年保修期，我保证你买了这辆车，绝对不会后悔！多 1 年的保修，不仅为你节省开销，更说明了我们对自己汽车的信心！等你第 3 年开车来我们 4S 店做保养，你就会庆幸今天的选择了！”

客户一边听一边点头，最后当场下单购买。

这就是一个深入说服的典型。销售员销售的产品，和竞争对手相比，缺陷还是比较明显的，噪声、排量、动力都有缺陷，如果单纯地比较产品，销售就失败了。但是案例中的销售员，却通过向客户做进一步的说明，使客户想象了拥有它的美好场景，为产品增加了附加价值，使客户产生了自愿购买动机。

由此，你不难发现：挑剔的客户才是潜在客户。

毋庸置疑，世界上没有完美无缺的产品，更没有完全符合客户想象的产品，当客户对产品感到不够满意，他就会提出各种各样的异议。要知道，挑剔的客户才是潜在客户，客户对产品发表意见，说明客户正在考虑或者曾经考虑过我们的产品。

意见诸多的客户不仅是潜在客户，也是销售员最好的助力。客户会对产品提出意见，指出产品和销售员的服务在哪里还有问题，如果能够改进，那么客户的挑剔对销售员的帮助就是巨大的。

销售员可以通过客户的意见了解问题出在哪里，如何解决问题。

要认真倾听客户的挑剔，从挑剔中了解客户的欲望和需要。

用挑剔成全购买，就是把客户挑剔的地方，巧妙地转化为产品的优势。如上例中，客户挑剔汽车排量小、动力差，但是销售员却成功地把它转化为产品的性能特点：足够城市使用、低能耗、省油——这也是产品的优势所在。

作为销售员，要懂得辩证地看待问题，同时让客户跟随自己的思路走。

在语气中体现你的真诚

人和人之间肯于交流，愿意交流，往往依靠的就是一份真诚。一个人如果没有真诚，谁愿意真心和他交往呢？因此，与人交往，一定要表现出自己的真诚，尤其是销售和客户交往时更应该注意这一点，用真诚打动你的客户，用真心卖出你的产品。而要想让客户感受到你的真诚，一个不容忽视的方面就是你说话时的语气。从说话语气中流露出的真诚能够获得客户的认同和好感，从而使客户愿意和你进行进一步的接触。

那么，作为一名推销员该如何通过语气表现自己的真诚呢？你可以从以下两个方面开始学习和修炼。

1. 如果是面对面地销售

假如和客户面对面地交流，你可以利用面部表情和眼神来辅助语气发挥作用。

首先，说话时辅助以微笑。微笑能在最短的时间内打通陌生人之间的情感通道，让两个素不相识的人一见如故。销售中，你面对的客户多是陌生人，如果在和客户交谈时，你的脸上没有笑容，甚至满脸冷漠，那么无论你说话的语气多么真诚，客户也会因你的表情而感觉不到你的真诚。所以语气的真诚少不了微笑的面部表情的辅助作用。

接着，说话时配合以眼神。在说话时，要看着对方，通过眼神传达自己的真诚，这也是辅助语气表现自己真诚的一种方式。作为销售员，你很可能会遇到这样的情况，你非常真诚地去拜访客户，也用真诚的语言和对方交谈，但是对方的脸上还是流露出不信任的神情。此时，你该怎么办呢？一方面你要注意一下自己说话的语气，另一方面就是要注意自己的眼神。面对客户时，要尽可能地让客户看到你的眼睛，把真诚通过你的眼神传达给客户。

2. 如果是电话销售

如果不是面对面地交谈，而是通过电话交流，以上这两点就失去作用了。这时就一定要注意自己说话的语气了。失去了面部表情和眼神的辅助作用，语气就显得尤为重要。那么在语气上应该注意什么呢？

第一，语气不能生硬。在电话销售中，给客户传达信息的唯一方式就是你的语言，此时语气的好坏对销售的成功起着决定性作用。因为对方看不到你的表情、眼神以及其他肢体语言，他只能从你的语言尤其是语气中了解你，认识你。如果你的语气很生硬。对方很可能觉得你没有亲和力，不够真诚。

其实就客户而言，他们常常会不自觉地抬高姿态，他们喜欢销售员放低姿态和他们交流，如果销售员的语气过于生硬，他们的这种心理就得不到满足，因此他们也可能会认为销售员并不是诚心想要和他们做交易而拒绝进一步交谈。

因此，销售员在说话时，切忌语气生硬，而应保持柔和，这样的语气会显得真诚一些，客户听了也会觉得舒服。

第二，语气不能太夸张。一般来说，语气夸张的人通常会给人一种不可信任的感觉，在销售时更是如此。可能在平时说话时你习惯用夸张的方式来吸引别人的注意，但是在和客户打交道的过程中，一定不要使用这种方式。因为你的客户并不了解你或者根本不认识你，如果交谈时你说话的语气太过夸张很可能给他们留下不好的印象，他们会怀疑你的诚意。

第三，不失时机地赞美。赞美的语言最能赢得人心，相信没有谁会拒绝一个真心夸赞他的人。而且你的夸赞会让客户觉得你很用心地了解他们，可能会让他们有一种自我满足感，从而感受到你的直诚，并愿意跟你合作。

总之，推销员在推销产品时，主要是通过与客户做语言上的交流才开始了解双方和产品以及是否做出交易决定的。所以，推销员在交流中语言真诚是十分重要的。

向客户坦露真言

如今，商业活动中的你来我往、唇枪舌剑，无非都是为了给自己争取更多的利益。

在与客户的销售沟通中，拙劣的销售人员在推销当中只注重表现个人利益一面，聪明的销售员却善于利用公众利益一面。千万别以为这只是几个词语之间的差别，里面的情形可是有着天壤之别的。从销售实践看来，主动指出对方的利益所在，让对方知道这次销售将给他带来的好处，会更有利于促进双方之间的成功合作。

世界知名企业日本松下公司，当初只能生产几种简单的电器产品，而且产品还没有形成品牌效应，在价格上也不占有优势，所以销路不太好。于是董事长松下幸之助亲自去各地进行旅行推销，希望能与各个代理商成功合作，为他们的产品顺利打开销路，甚至使他们可以全面占领市场。

一天，松下把各家代理商召集在一起，给他们推荐本公司的新产品。松下告诉各位代理商："经过多年的研制与开发，我们公司终于完成了对这个新产品的投产试用。尽管现在它还称不上是一流的产品，但是我仍然要拜托大家，以一流的产品价格到本公司来订购这种新产品。"

顿时，全场一片哗然之声："有没有搞错啊，既然不是一流的产品，有什么理由要求我们用一流的价格去购买呢？"

松下认真地说："我并没有搞错。我们都知道，在日前的灯泡制造行业中，全国只有一家公司能够称得上是第一流的，并且他们已经从整体上把市场垄断了。这个时候，即使他们随意提高产品的价格，大家仍然会购买，不是吗，假如市场上有新产品出现，品质优良且价格又便宜，对大家来说难道不是一件好事吗？不然，大家就需要按照那家厂商开出的高价去购买然后再经销，如此一来，得到的利润就非常有限了。"

听到这里，各位经销商纷纷点头表示赞同。接着，松下继续说道："这正如一个拳击手，如果纵横天下无敌手，由于缺少真正有实力的对手，观众就很难再看到一场实力相当、扣人心弦的拳击比赛。目前的灯泡行业也是这种情况。这个时候若是出现一个与那家大公司实力相当的公司与之竞争，就能直接导致产品价格的降低，经销商便能从中获得更多的利润。"

"那么，为什么本公司现在只能制造出二流的电灯泡呢？只因本公司刚成立不久，财力稍有欠缺，尚没有足够的资金用于技术改造和突破。但是假如大家肯帮忙，以一流产品的价格来购买本公司的产品，我们很快就能筹集到足够的资金进行技术改造。我相信过不了多久，本公司便可以制造出一流的产品推向市场，到那个时候，在座的各位就是最直接的受益者。"

松下的话音刚落，一阵阵热烈的掌声顿时响起。就这样松下灯泡厂成了最大的赢家。

尽管产品质量不是最好的，但却要求对方以最高的价格购买，这样的推销听起来实在有些不可思议。但是更令人匪夷所思的是，这样的要求居然被大家所接受，由此便能看得出利益对于人们的巨大诱惑。松下正是用语言技巧把客户的利益所在指出来，并以此作为诱饵，吸引了那些经销商，并最终拿下订单。

由此可见，作为一名销售员，只知道自己的产品有多好是不行的，还要知道这样的产品能给客户带来多大的好处。同时，更要做到将这些产品的优势和客户购买后得到的利益用流利的语言表达出来，只有阐释清楚，才能让客户更好地领会，否则，你的产品再好，对方得到的利益再多，你若无法将其清楚地讲述给客户，也是徒劳。

第二章

先拉近与顾客的距离再说话

——多数顾客都愿意听亲近感人的话

生活中，除非是迫不得已，否则没有人愿意与陌生人搭话。同样，如果推销员要面对的是个陌生的客户，除非他别无选择，否则他也不会愿意面对一副陌生的面孔。因此，对销售人员而言，要改变这种窘境，拉近与他的距离就是最好的选择。

迎合客户的喜好

生活中，没有人会对自己不喜欢的东西感兴趣。而如果是自己喜爱的事情或物品，假如有人介绍或谈论就会注意听。这种心理也可以为销售人员在销售中说服客户时所利用，主动迎合客户的兴趣，拉近与客户之间的距离，从而实现进一步的交流，为最终的销售铺平道路。

一般来说，有着共同的兴趣爱好的人更容易接触，也更容易聊到一起，愿意参加类似的活动，在共同的活动中既能彼此接近又能相悦，从而使人际间的吸引力增强。在看待问题上，态度会比较一致，情意相投，志趣相合，在一起交往能正确反应自己的能力、感情和信仰，并能够得到支持和鼓励，所以，比较能够友好相处。误会和冲突比较少，相处会比较融洽。即使本来并不太熟悉，也比较容易消除陌生感，从而形成较强的人际吸引力。

销售人员和客户之间的交易也是一种社会交往，如果双方没有共同语言，那是很难进行交流的，更别说推销商品。如果销售人员能够主动迎合客户的兴趣，谈论一些客户喜欢的事情或人物，把客户吸引过来，当客户对你产生好感的时候，购买你的商品也就是水到渠成的事情了。

当然，销售人员每天都会与许许多多的客户接触，而自己也不是全能的，什么都喜欢，什么都知晓，并不能够迎合所有的客户。这就要求销售人员要博闻强识，了解的东西越多，知识越丰富，就越能够自如地应付更多的客户。一个优秀的销售人员一定是一本“百科全书”，他们需要懂很多的东西，即使不精通，也要大概了解，一旦某天和客户谈起，也不会因为自己的无知而冷场，导致谈判无法进行；销售人员只有懂得越多，才越能找到和客户的共同点，使彼此相互吸引。

张凯是某装潢公司的销售人员，一次他去拜访一位客户——某公司的申经理。见面之后，张凯先对自己公司的产品做了大体的说明，使申经理有所了解，并看看是否有需要的产品。但张凯介绍的这些内容申经理听得太多了，实在无法引起申经理的兴趣。张凯发现申经理已经产生了一些倦怠的情绪，如果自己再这样说下去，肯定会引起他的反感，这样很可能就会使生意泡汤。于是他努力地寻找着能够吸引申经理的话题。

这时他发现申经理背后的书橱里放着许多关于《易经》方面的书，办公桌的案头也有一本看了一半的《易经》。于是张凯眼前一亮，找到了突破口。张凯说："我想申经理一定很喜欢中国古代文化经典，想必对《易经》也是十分有研究的吧？"

本来昏昏欲睡的申经理听到张凯谈到《易经》，一下又有了精神，说："是啊，略有研究。闲暇时喜欢琢磨琢磨。"

张凯顺势说："其实，我也很喜欢中国的古典文化，特别喜欢《易经》，它思想深邃，包罗万象，把宇宙与生命巧妙地结合在一起，透露出很多人生的真谛，很值得去研究啊！"

申经理马上被吸引了过来，一下子有了兴致，和张凯讨论开来，张凯的一些见解与申经理不谋而合，这无疑使得申经理很是高兴。谈到中午还不尽兴，申经理非要拉着张凯一起吃饭，边吃边聊，简直就像是遇到了知音。

后来申经理不仅买了张凯的产品，还和他成为了好朋友。而这一切的因缘只是张凯在拜访申经理之前不久，刚刚读过《易经》，那时刚好派上用场，迎合了客户的兴趣。如果张凯没有读过《易经》，也就难以找到和申经理的共同话题，生意就难以做成。

因此，销售人员要想迎合客户的兴趣，就要不断地为自己充电，除了过硬的专业知识素养外，还应该学习更多的知识，无论是天文、地理、时事、娱乐，还是古今中外的人物和事件，多了解、多积累，说不定哪天就会派上用场，帮助销售人员成功地迎合客户兴趣，得到客户的青睐，从而为销售创造出有利的条件。

正所谓话不投机半句多，没有哪种交易是推销员与顾客一见面就成交的，都有一个相互了解和介绍的过程，如果看着对方就别扭，下面的交易也就结束了。所以，销售人员不仅要不断提高自身的修养，练好基本功，还要善于在与客户的交谈中发现客户的兴趣，这样才能建立联系，使谈判继续下去，直至成交。

让顾客感觉他是在与知己谈话

一个推销员要让顾客愿意听你介绍产品或是谈话，首先你要想办法在心理上拉近与客户的距离，这样，你需要寻找彼此共同关心的话题。尤其是在交谈中，销售人员不可以自说自话，必须努力控制自己的话题，一旦发现对方对自己所说的心不在焉，就要立刻打住，因为对方的这种表现表示他对你正在谈的话已经听腻烦了。

面对客户，如果不能了解客户的想法，不注意找到客户感兴趣的话题，那么这次沟通就有可能失败。可见，能够掌控话题，是销售人员的必修功夫。

一次，保险推销员弗兰克拜访一位富翁。两人从上午11点谈起，到下午5点才结束，持续了6个小时。临别的时候，那位富翁高兴地说："你知道吗，我感觉好像只谈了5分钟。"

第二天，两个人接着谈，从下午2点持续到6点。显然，两个人有许多感兴趣的话题，否则不会像多年没有见面的老朋友。

再后来的一次交谈，持续了更长的时间。显然，这位富翁已经不把弗兰克当做外人了，所以他滔滔不绝地讲了9个小时他的发迹史，而弗兰克作为一名听众，也兴趣十足，还不时地询问几句，或者赞美几句。

弗兰克这次却只是用心去倾听、感受，结果获得极大成功。那个富商，给他50岁的女儿投了寿险，还为生意投了10万美元的保险。

谈论客户感兴趣的话题，引起对方的兴趣，那么客户自然会敞开心扉，传达给你更多信息。两个人的心理距离近了，才会有建立信任、实现合作的基础。

除了生意上的谈判外，如果客户习惯找你聊天，那么他就真正把你当做朋友了。关键是，你要扮演好积极沟通者的角色，让你成为客户倾诉的对象，贴心的知己。具备这种功夫，总是需要花点时间的，在日常工作中，你不妨从下面几个方面努力：

1. 明确自己的目的，更明确客户的需求

一位资深的销售人士这样总结经验：跟客户接触初期，一定要使自己的目的模糊化，让客户的需求清晰化。显然，只有不让客户感觉你是为了卖东西给他才与他接触的，这样你的成功率反而更高。这时，就需要你很巧妙地掩饰自己的目的，让客户逐渐接纳你，整个销售过程才能继续顺利进行下去。

2. 给对方更多的表述机会

记得一位牧师说过："牧师最重要的工作是倾听，推销员也一样。工作中一项重要原则就是倾听别人的心声。"在销售活动中，需要牢记一点：要把耳朵而不是嘴巴借给别人，这才是通向成功的捷径。对别人说他不感兴趣的话毫无意义，你应该说"能不能多告诉我一点儿？"当客户谈论他感兴趣的话题时，销售人员不妨扮演好听众的角色。因为，沉默技巧是推销行业里广为人知的规则之一，一旦你提出了让客户订货，你就应当闭上嘴，尽量保持沉默，等待客户回答。

3. 不要打断客户说话

有的销售人员为了急切地表明自己的立场，总是自作聪明，喜欢在客户没说完前打断谈话。这些人往往急不可耐，不等人说完就对你评头论足，妄发议论，在自己还未弄清楚究竟出了什么错时忙着纠正对方的错误。这些招人讨厌的人，常常令人恼火。如果以这种性子跟客户交往，不被人赶走才怪呢。

不可否认，每个人都有自己感兴趣的话题，或者是自己擅长的领域，或者是最近期望了解的东西，或者是利益所在。销售人员必须准确判断客户的兴奋点是什么，对哪些话题感兴趣，然后主动围绕着这些话题展开对话，让对方接受你。

谈到爱好上，客户一定会对你感兴趣

推销员在与客户洽谈交易的过程中，如果双方有共同的爱好，就很容易在生意上取得一致的意见。

一位钓鱼能手在总结自己的成功经验时说："起初我非常喜欢用草莓和乳脂做诱饵，后来发现鱼儿较喜欢小虫，于是我就垂下一只小虫或蚱蜢，结果每次总是有很大的收获。"由此可见，成功的秘密之一是投其所好。

有一位推销员准备拜访一家企业的老板，但是想要见到对方是一件困难的事情，因为如果一开始就引起对方的反感，那就注定要失败了。

一个偶然的机会，推销员看到附近杂货店的伙计从老板住所的小门里走出来，于是他急忙走过去问候。

两个人很快攀谈起来，推销员从伙计那里得知老板的衣服一直在同一家洗衣店洗涤，并很快找到了那家店铺。在接下来的沟通中，他又确定了这位老板西装的布料、颜色、式样等重要信息。更难得的是，店主还主动提到了老板的领带、皮鞋，以及谈吐与嗜好。这些信息太重要了，推销员喜出望外。

过了一段时间，推销员终于找到一个合适的机会，与这位老板攀谈起来。由于推销员掌握了对方的有效信息，所以沟通起来非常顺畅，取得了良好的预期效果。而这一结果离不开推销员重视对方兴趣并投其所好的策略。

一般人都希望与他相处的人，有与众不同的特殊兴趣，有的他会特别喜欢，有的则比较淡漠。如果可能的话，你应尽量找出客户最感兴趣的事，然后再从这方面去接近他。倘若没有机会或者这种机会不容易得到，那么也该尽可能选择他的主要兴趣作为突破口，主要目的是使他对你产生浓厚的兴趣。

想与客户的特殊兴趣建立一种特殊关系，必须把你的真实的兴趣表现出来。单单说一句很感兴趣的话是不够的，在对方的询问下，你不能掩饰你缺乏真正的兴趣，免得弄巧成拙。为此，你必须花时间研究对方的兴趣。

专家给出了关于和他人交谈兴趣的三个步骤：第一，找出别人有特殊兴趣的事物；第二，对于那感兴趣的题目应预先获得若干知识；第三，对他表示出你对那件事物真的感兴趣。奥佛史屈教授在《影响人类的行为》一书中说："不论是商业界、家庭中，还是学校里、政坛上，最好的一个忠告是：首先，撩起对方的急切欲望。能够做到这一点的人，就可以掌握世界，否则将会孤独一生。"

"撩起对方的急切欲望"，说到底是要我们把握对方的兴趣所在，或者制造兴奋点。为此，要做好下面两件事：

1. 培养与客户一样的爱好或兴趣，这样就能深刻理解对方需要

猜测总会有失误的时候，最有效的方法是加入对方的喜好中去，真正体会其中的玄机，从而积极主动地掌控局面。尤其是在销售谈判的间隙，与客户谈论共同的爱好，能拉近你们的距离，增加你赢单的机会。

2. 准确判断对方的心理期待和利益诉求是什么

欧文梅说："一个能从别人的观点来看事情，能了解别人心灵活动的人，永远不必为自己的前途担心。"因此，准确把握客户的需求，就能轻易影响别人的思想和判断。特别是在业务谈判的关键时刻，成功往往来自于销售人员对客户心理的细微把握。

销售关系学上有一条重要的原则：要适合别人的需求而达到自己的需求。但是，在生活中能够做到这一步的人少之又少。请牢记，客户的兴趣所在，暴露了他大部分的个性、习惯，以及价值追求。在销售过程中，能够以兴趣点为突破口，通过投其所好顺利达成目标，实在是发展关系、完成合作的有效手段。

真诚地关心你的每一位客户

从一开始接触就真诚地表现出你对客户的关爱，很容易引起客户与你之间的共鸣。真心关怀每一位客户是推销员必备的素质之一，也是推销员获得成功的思想基础。

世界上著名的成功推销员都真心实意地关怀着自己的每一位客户，许多成功的推销员都和自己的客户成了亲密的朋友，像美国的汽车推销大王乔·吉拉德、日本的保险推销大王原一平等，都和自己的客户保持着非常持久和紧密的联系。真心关怀每一位客户是这些世界知名推销员的行动指南。由此可见，推销人员要想使自己的推销活动获得成功就必须具备这种伟大的推销思想。

中国也有一位保险公司的推销员陈先生就在这种思想的指导下同样获得了无数位客户的认可，下面是他的一次推销实例：

一次，陈先生去拜访一位陌生客户，给他开门的是一位40多岁的中年妇女，他一看便知她整日不停为家庭、孩子操心，他想以真心的关怀和她展开交谈，于是他开始便对她和她的孩子表示出了适当的关怀。

他真心诚意地对这位女客户说："你够忙的！有你样的人持家，家人一定十分幸福！"

"你在为孩子忙碌吧？有你这样的妈妈，你的孩子一定有出息！"

女主人听完陈先生的这一番赞美之后，首先对他的戒备心没有了，接着还像对待老朋友一样给陈先生简单介绍了自家的情况：丈夫有自己的事业，前景也很不错，只是自己身体不是很好，并患有糖尿病，只能在家照顾一下孩子。对此，陈先生又不无关心地说道："每一个成功男人的背后都有一个伟大的女人。你的贤慧、勤俭持家是他的事业成功的基础，我真羡慕你的丈夫有你这样一个善良、能干的妻子。但你一定要注意身体，糖尿病不算什么大病，只要注意保养，同样可以长寿，你身体健康，你的丈夫才能安下心来做事业啊！”

无疑，这次拜访的结果已经很清楚了。

要知道，每个人都需要关怀。关怀的话语使人感到温暖，作为一个推销员，你必须真心关怀每一位客户，并且以适当的语言将这种关怀之情表达出来。即使你谈话的对象忙了一天家务，几句适当关怀的话语也可以使对方忘记疲劳，感到自己没有白辛苦，更重要的是，他会觉得你能体谅别人，从而愿意与你进一步交谈。

真心关怀每一位客户，在与客户交流时巧妙表达自己的关怀之情，让客户感受到你的关怀，这样的推销员才能架起与客户之间友好沟通的桥梁，使客户信赖你、接受你，愿意购买你的产品和服务。

创造亲和力让客户听你说

凡是优秀的销售员都具有非凡的亲和力，具备亲和力的推销员更容易跟客户建立良好关系，彼此间有了良好的关系，生意就会很顺利地谈下去。

无数推销实践证明：许多的销售行为都建立在友谊的基础上，人们习惯向所喜欢、所接受、所信赖的人购买东西，因为那会让我们觉得放心。所以一个销售员是不是能够很快地同客户建立起很好的友情基础，与他的业绩具有绝对的关系。

亲和力的建立同一个人自信心和品行有很大的关系。什么样的人最具有亲和力呢？通常，这个人要热诚，乐于助人，关心别人，具有幽默感，诚恳，让人值得信赖，而这些人格特质跟自信心又有绝对的关系。首先让我们看看日本保险业的推销之神原一平是如何向对方体现亲和力的：

一次，原一平到一家去推销保险，一见到对方他就自我介绍：

“你好！我是明治保险的原一平。”

"喔……"

对方端详他的名片一阵子后，慢条斯理地抬头说："两三天前曾来过一个某某保险公司的推销员，他话还没讲完，就被我赶走了。我是不会投保的，所以你多说无益，我看你还是快走吧，以免浪费你的时间。"

此人干脆利落，他考虑真周到，还要替原一平节省时间。

"真谢谢你的关心，你听完我的介绍之后，如果不满意的话，我当场切腹。无论如何，请你挤点时间给我吧！"

原一平一脸正经，甚至还装得有点生气地说。对方听了忍不住哈哈大笑，说："哈哈哈，你真的要切腹吗？"

"不错，就像这样一刀刺下去……"原一平一边回答，一边用手比划。

"你等着瞧吧！我非要你切腹不可。"

"来啊！既然怕切腹，我非要用心介绍不可啦！"

话说到此，原一平脸上的表情忽然从"正经"变为"鬼脸"，于是准客户和他不由自主地一起大笑了。

上面这个实例的重点，就在设法逗准客户笑。只要你能创造出与准客户一起笑的场面，就突破了第一道难关，并拉近了彼此的距离。下面让我们再看他的另一个实例：

"你好！我是明治保险的原一平。"

"噢！明治保险公司，你们公司的推销员昨天才来过。我最讨厌保险了，所以他昨天被我拒绝啦！"

"是吗？不过，我总比昨天那位同事英俊潇洒吧！"他跟对方开了一个小玩笑。

对方一脸正经地说："什么？昨天那个仁兄啊！长得高高的，哈哈哈，比你好看多了。"

"矮个儿没坏人，再说辣椒是愈小愈辣！俗话不也说'浓缩的都是精华'吗？这句话可不是我发明的啊！"

"哈哈！你这个人真有意思。"

无论如何，总要设法把准客户逗笑了，然后自己跟着笑。当两个人同时开怀大笑时，陌生感消失了，彼此的心在某一点上沟通了。

总而言之，对一个进行直接访问的推销员而言，能创造一个与对方齐声大笑的场面，是成功的前奏。

人是自己的一面镜子，你越喜欢自己，你也就越喜欢别人，而越喜欢对方，对方也容易跟你建立起良好的友谊基础，自然而然地愿意购买你的产品。实际上他们买的不是你的产品，而是你这个人，人们不会向自己所不喜欢和讨厌的人买东西。

多谈及客户感兴趣的话题

按照现实中的习惯，顾客与销售员之间在接洽、洽谈业务之前总会有一些寒暄，对于这种寒暄，如果销售员处理得好，对下面的生意会大有好处。因此，销售员在与客户谈话前，最好能先了解客户的性格、兴趣，然后针对当时的气氛、实际情况和客户的心情，来调整自己的谈话内容。

范先生是某市一家啤酒厂的销售代表。该市有一家大宾馆，在近 4 年的时间里，他都没有敲开该家宾馆的大门。

后来，范先生改变了自己的做法。通过了解，他得知那位经理是国家旅馆招待协会会员，非常想成为该地区的分会会长。于是范先生再次拜访宾馆经理的时候并没有向他推销啤酒，而是无意间把话题引到了办旅馆的事上，并称赞他是位行家，一定会为本地区的旅馆业做出一番大事业。此后，又有几次拜访的机会，他都不忘提起这个话题，终于有一天宾馆的负责人要范先生前去洽谈啤酒生意。

范先生费尽心机想得到的订单，最后还是通过谈论对方感兴趣的东西才获得成功。

在销售过程中，同样是购买，客户当然愿意与在他们看来是知己的人签单的。有许多销售员做生意时往往直奔主题，虽然快，效果却并不理想。在难以正面突破的时候，寻找与客户交流的“契合点”则会事半功倍。这个“契合点”就是选择客户感兴趣的话题，它犹如一张通往客户心灵的入场券。

某汽车销售公司的推销员小田在一次汽车展销会上结识了一位潜在客户。通过对客户言行举止的观察，小田感觉这位客户对越野型汽车十分感兴趣，而且品位极高。小田将公司的产品手册交给了客户，可是客户一直没给小田任何回复，小田曾经两次试着打电话联系，客户都说工作很忙，最后小田把约会时间定在周末而对方则表示周末要和朋友一起到郊外的射击场射击。

后来经过多方打听，小田得知这位客户酷爱射击。于是，小田上网查找了大量有关射击的资料，一个星期之后，小田不仅对周边地区所有著名的射击场了解得十分深入，而且还掌握了一些射击的基本功。再一次给客户打电话时，小田只字不提销售汽车的事情，只是告诉客户，自己无意中发现了一家设施特别齐全、环境十分优雅的射击场。下一个周末，小田很顺利地在那家射击场见到了客户。小田对射击知识的了解让那位客户迅速对其刮目相看，他大叹自己“找到了知音”。在返回市里的路上，客户主动表示自己喜欢驾驶装饰豪华的越野汽车，小田告诉客户：“我们公司正好刚刚上市一款豪华越野汽车，这是目前市场上最有个性和最能体现品位的汽车……”一场开端良好的销售沟通就这样开始了。

美国教育学家卡耐基曾经说过：“在去钓鱼的时候，你会选择什么当鱼饵，你自己喜欢吃寿司，但将寿司放在鱼钩前端却钓不到半条鱼。所以，即使你很不情愿，也不得不用鱼喜欢吃的东西来做鱼饵。”说话也是如此，无论你对某个话题如何感兴趣，有再多的高见，但是如果客户不想听，你说多少都是白费力。

有时候，寻找客户感兴趣的话题并不容易，尤其是对客户的了解不深入时。每个人的兴趣都不一样，如有人很喜欢棒球，有人却连投手、捕手都搞不清楚；有人一有空就去打高尔夫球，有人却连球杆有铁杆、木杆之分也不知道；有人对烹饪很感兴趣，有人却连鸡蛋也不会煎……每个人所关心、感兴趣的内容都不尽相同。

因此，销售员在与客户谈话时，必须随时观察对方的表情、态度，且必须不断思考判断“对方对这个话题是否感兴趣”。

通常情况下，销售员可以通过以下线索找到与用户有效沟通的话题：

（1）谈论客户的爱好，如体育运动、娱乐休闲方式等；

（2）谈论客户的工作，如客户在工作上曾经取得的成就或将来的美好前途等；

（3）谈论时事新闻，如每天早上迅速浏览一遍报纸，与客户沟通时与其谈论刚刚通过报纸了解到的重大新闻；

（4）询问客户的孩子或父母的信息，如孩子的年龄、上学的情况，父母的身体是否健康等；

（5）谈论时下大众比较关心的焦点问题，如房地产是否涨价、如何节约能源等；

（6）和客户一起怀旧，比如谈起客户的故乡或者最令其回味的往事等；

（7）谈论客户的身体，如提醒客户注意自己和家人身体的保养等。

选择客户感兴趣的话题，是一种“攻心为上”的销售技巧，它给以利益为目标的销售注入了浓厚的人情味，消除了客户的戒备和敌意，使生意在“一团和气”中完成。因此，在与客户进行销售沟通之前，销售员十分有必要花时间和精力对客户的特殊喜好和品位等进行研究。

对话中礼貌用语很重要

推销员约见客户或客户接待推销员时，双方之前打交道一般不是很多，甚至从来没有打过交道，这样的两个人之间必然存在一定的距离感，而这显然不利于销售的顺利进行。努力缩短与客户间的距离，就成了交易前要解决的问题，而要解决这个问题也并不是很难的事情，礼貌的语言就能让销售员轻而易举地获得客户的好感。

俄国一位著名的哲学家曾经说过“生活中最重要的就是礼貌，它比一切学识以及最高智慧都重要。”虽然这句话有些偏颇，但是礼貌用语却是销售员必备的基本素养之一，它的作用和力量不容忽视。一句礼貌用语往往能打开客户的心灵之门。

例如，销售员在见到客户时，通常会说：“感谢你在百忙之中抽出时间来接见我，我是……”这样做既表达了对客户的感激之情，也表现出了自己的修养，同时也满足了客户的一种心理需求——被尊重的需求。这样一来，客户就会不知不觉地对这个销售员产生好感，从而愿意和他进一步交谈。

在销售中,如果你善于说礼貌用语,就会给客户一种“良言一句三冬暖”的感觉，你和客户的关系很快就会融洽起来。

通常会用到的礼貌用语有很多，例如：你好、谢谢、很抱歉、别客气，再见、请多关照、合作愉快等。

“你好”表示对客户的尊重。

“谢谢”表示对客户的感激。这看似极其平常的两个字,一定不能省略，在文中，我们已经介绍了它的重要性。这里还要强调一点，“谢谢”一定要及时说出口。

“很抱歉”表达了自己的一种愧疚心理。在说这三个字时，语气一定要真诚，这样才能让客户感受到你的歉意。否则不仅达不到道歉的效果，反而会让客户产生反感。

这是最常见的三种礼貌用语，也是销售员使用频率较高的三种礼貌用语。其实，销售中还要用到很多礼貌用语，只是很少有人注意到使用这些礼貌用语时也有注意事项，否则，即使你张口闭口都是礼貌用语，也难以获得客户对你的好感。在说礼貌用语时需要注意下面几点：

（1）语言要温和亲切，声音不能太高、也不能太小、嗲声嗲气，否则，都很难让客户对你产生好感。

（2）注意自己的仪表神情，态度要适当地谦恭。不能把姿态抬得太高，也不能放得太低，这两种都是不受欢迎的。姿态抬得太高，说话难免趾高气扬，即使是礼貌用语，也会让对方感觉你很做作；姿态放得太低，说话难免卑躬屈膝，这种情况下使用礼貌用语会让客户误认为你是曲意逢迎。

（3）使用礼貌用语要有分寸，不能说得太多，也不能在不该省略的地方省略。要做到语言有分寸，还要注意一些非语言因素，例如说话的面部表情、肢体语言等都是应该注意的方面。

总之，作为销售员一定要谨记，在和客户交谈时，礼貌用语不可或缺，同时也应该牢记使用礼貌用语时需要注意的事项，这样才能真正赢得客户的好感，拉近和客户之间的距离，为成功销售打下良好的基础。

制造亲近感，拉近与客户的心理距离

当供应商与用户进行洽谈或者交流时，如果双方心理距离太远，难免会出现遮遮掩掩地你来我往，难以进行实质性的沟通。因此对于销售员来说，在与客户进行销售沟通之前，花费一定的时间和精力采取一定的方式和方法制造一些能与客户拉近心理距离的氛围，一定会取得好的效果。通常来讲，销售员可以通过巧妙的询问和认真的观察分析了解客户，进而找到客户感兴趣的话题，拉近与客户的心理距离。

某电脑软件开发公司的销售部经理如约去拜访客户。那天，客户方来了好几个重要部门的经理，发起人是企管部的经理，想推动一个项目，但其他部门不理解，甚至有些人反对，所以，该公司经理一行人去拜防的时候，对方的防范心是比较强的。

在双方进行了自我介绍之后，该公司经理首先讲了这样一段话："在来的路上我和我们的销售人员讲，按照我们筛选客户的标准，我们是不应该来的，原因很简单：我们了解到贵公司每年的IT投资不到100万，只是维持日常所需，所以不可能给我们什么项目做。但我还是来了，因为我们双方之前已经有过很多沟通，我们这边也参加了AMT

很多培训，现在这边有一些感兴趣的东西希望我们一起讨论，出于对各位的感谢和回访，我们也是应该来的。但我真的没有期望这里会有什么项目，所以今天我们就敞开来谈，不要限于某些方面，大家感兴趣的都可以谈，我知道的、懂的就多说一些，不太知道的、不太懂的就少说一些。”

后来的进程说明，这段话的效果比较好，使大家少了很多的防范，谈得也很融洽。

很明显，这位公司经理很聪明，他凭借一段理智的开场白打消了客户方的顾虑，让大家坐到一条板凳上了，而不是很正式的供应商与客户的关系，这为后面的交流奠定了很好的基调。

销售过程中，如果销售员只是单纯地把产品信息传达给客户，而不能引起对方的心理共鸣，那么，这就是失败的前兆。因为客户是不会对那些丝毫不能打动自己的产品感兴趣的。相反，如果销售员能在进行推销前先和客户进行情感上的沟通，让客户感到和你“相见恨晚”，那么，一旦客户认同你，购买你的产品就是水到渠成的事。

那么，销售员该怎样与客户达成心理共鸣呢？通常情况下，销售员可以通过引出以下话题来达到这一效果：

（1）说了解到的客户非常关心的事件或话题；

（2）谈论眼下大家都关注的事，如每天早上迅速浏览一遍报纸，在与客户谈论的时候，才有切入点；

（3）谈论客户的工作，如客户在工作上曾经取得的成就或将来的美好前途等；

（4）合乎分寸地询问一下客户的家庭情况，如孩子几岁了、上学时的情况、父母的身体是否健康等；

（5）和客户一起怀旧，比如提起客户的故乡或者最令其回味的往事等；

（6）了解一下对方公司的经济情况。

总之，有人情味的销售才是成功的销售，如果把自己的销售工作弄得充满了商业气味，失败的几率是很高的。如果销售员一张嘴就把产品的种种信息背诵给客户，客户必定会在心理上产生抵触情绪。

客户也是人，也会受情感左右。所以，在接近客户之初，不要急于谈生意，先与客户寻找共同感兴趣的话题，这样，在不做生意只谈朋友的前提之下，和客户取得了心灵的共通，博得了相互之间的认同。要“先做朋友，后做生意”，既然是朋友了，对于客户来说，跟自己熟悉的朋友合作，自然要比跟陌生人合作更加放心。只要做成了朋友，订单自然很快就能签下来了。

第三章

说顾客感兴趣的话

——顾客不喜欢听无实质意义的废话

旧时，街头“耍把式”的艺人因表演的节目有限，打起场来以后因为想招足了观众再亮“绝活”，于是他就不停地说闲话，即“光说不练”，这样的结果往往是观众不买账，看看没真格的就走人。推销员在推售产品时一定要说客户感兴趣的，他们才肯听，否则你就只能自己晾场。

让每句话都能引起客户的关注

从推销实践来看，推销员的口才在整个推销过程中，起着至关重要的作用，一个沉默寡言的人注定是做不了推销工作的。虽然有时沉默也是一种制胜手段，但更多的时候，你还是应该用你卓越的口才征服顾客。有一句格言说：卖牛排，卖的是“滋滋”声，一听就有食欲。有理、有据、生动，让客户愿意听的话语，就是这种“滋滋”声。惟有打动顾客，顾客才会购买你的产品。因此，推销员应当特别留心提高口才艺术，时时加以学习。

IBM公司的营销部副总裁法兰西斯·布克是一位成功的推销专家。IBM的营销网络遍布全球，身为营销部副总裁，布克的工作就是要负责销售IBM所有的产品，从录音带、档案处理系统到拷贝系统和PC机。

但是，假如他不懂得说服别人的艺术，不懂得其他许多自我推销的技巧，那么他的成就不可能达到现在这个地步。以下是布克对产品的推销艺术：“很多人对IBM电脑这项最广为人知的产品，存有一种神秘感，那是一种谬误，我们只不过提供客户解决问题的方式而已。”

布克强调，与其说他卖的是电脑，不如说卖的是电脑功能，它能替人们做事。每个成功的推销员都了解这一点。你卖的不是产品本身，而是产品带来的利益或价值。

确切地讲，客户在听你对产品做的种种介绍时，他所关心的其实就是买了你的产品后他能得到什么实惠，他所关心的利益点在哪里。说出客户的利益点，你的推销工作就如拥有一定航线的船只，坚定而有动力。

显然，没有人无缘无故地购买某一商品。想想看，你为什么把钱存在甲银行而不存乙银行呢？即使甲银行和乙银行的利息一样；为什么你喜欢到某家饭店吃饭，而这家饭店又不是最便宜的。你仔细想想看，当你决定购买一些东西时，你是不是很清楚购买理由？一旦你决定购买，总是有一些理由支持你这样做。

如果我们再仔细推敲一下便会发现这些购买理由正是我们最关心的利益点，例如最近你换了一台体积很小的车，省油、价格便宜、空间小也能停车，但真正的理由是你路边的停车水平太差，常常因停车技术太差而发生尴尬的事情。而这种车车身较短，能完全解决停车技术差的问题，你就是为这个利益点才决定购买的。

由此可见，顾客的利益点有时顾客自己也十分模糊——这种情况并不少见，作为一个推销员，对顾客关注的利益点都应当加以考虑，并从中找出最佳利益点，展开有针对性的介绍。一般而言，顾客关心的最佳利益点大抵在以下几个方面：

（1）服务到不到位；

（2）产品的安全可靠性如何；

（3）产品是不是同类产品中最便宜的；

（4）产品质量有没有保证。

毫无疑问，充分了解顾客购买东西有哪些可能的理由，即哪些是可能的最佳利益点，能尽早探寻出客户关心的利益点，你与客户的沟通才会有效果，你的推销才会获得成功。

为实现用户的购买打气

水温升到 99 度时，它也不会沸腾，如果再给它加一把火，在 99 度的基础上再升高 1 度，那就会让水沸腾起来并产生大量水蒸汽，就能用来开动机器了。

在成功心理学中，人们把这种现象称之为沸腾效应，意思是一些关键因素往往能引起事物的本质变化。这里的 1 度就是关键的因素，别看才 1 度，但能让水产生质的变化，从液体变成气体！

日常生活工作中，我们会时不时地遇到沸腾效应。比如，高考的学生，也许平时学习很好，但一进考场就发晕，不能很好地反映自己的学习水平，甚至是名落孙山。为什么呢，这就是沸腾效应的消极作用，受到小小的刺激，就无法正常发挥了。

假如，现在有一个顾客在挑选你的商品，但他犹豫了很长时间也没有拿定主意，翻来覆去，把你都看迷糊了。这时候，你就不要干等着啦，该出手时就出手，顾客现在已经99度了，就缺你给他加的这1度了。也许一句话就能成功，如果你不说，很可能这个顾客就会转身离去。

是什么原因引发了沸腾效应呢？

1. 关键因素能否及时到位

有了关键的1度还不行，还要看这1度的热量是不是能加到99度上去。如果不能，仍然不能让水发生沸腾效应。水的沸腾是如此，其他情况也是如此，比如参加奥运会的那些运动员们，水平是有了，关键因素还要看参赛时的良好心理素质，比如没有信心，很可能就无法正常发挥，甚至是退出比赛。因此，在体育赛场上，你经常能看到教练对着队员们做心理指导。

2. 非关键因素的量变作用

关键因素很重要，在关键时刻能起到画龙点睛的作用。但是也不能忽视了非关键因素的作用，许多情况下没有非关键因素就不能促成关键因素的量变。

一段时期，非洲流行一种可怕的昏睡病。德国细菌学家欧立希偶然发现了一种叫"阿托什尔"的化学药品，能够杀死引起人昏睡的锥虫。但遗憾的是，这种药物的副作用很大，很可能会使人双目失明。于是，欧立希投入了大量的时间和精力去研究，经过606次实验，终于研制出了既能治好昏睡病，又不伤眼睛的药！因为进行了606次试验，所以把这种药命名为"606"。606的研制成功源自于前面605次的失败，是经验累积的结果，605次就是非关键因素量变的基础，欧立希教授的毅力就是促成非关键因素量变的关键因素，也就是那个所谓的1度！俗话中的瓜熟蒂落、水滴石穿都是这个道理。

销售也是如此，没有长久的经验积累和销售员的长期不懈的努力，是不可能成长为销售精英的！

3. 良好心理特质的作用

沸腾效应的产生和良好的心理特质是分不开的。一般来说，自信力、毅力、定力、成功力都是影响沸腾效应的心理特质。如果你不具备这些"力量”，缺乏这些心理特质，很可能就会让你的销售工作功亏一篑！

在销售实践中，销售员就应该是这个 1 度，要能把顾客的购买欲望变成 100 度！有时候，那一点点，往往是导致最大差别的关键。

介绍的内容应是客户要急于听的

一个顾客到商场去，都是带着某种目的的，或是了解行情，或是去购买自己所需的商品，目的明确，所以，他所要听到的也一定是与此相关的介绍。这就是一种销售手段。也就是说，在向客户介绍产品时，先要了解客户的需求，然后根据客户的需要推销自己的产品，这样才能帮客户找到他们需要的产品，最终才有可能成功完成交易。

如果不问客户的需要便开始介绍，很可能会让客户反感。相信我们自己也有过类似的经历，当我们去超市或者商场购物时，如果一个销售员始终跟着我们，不问我们需要什么，便不停地介绍自己的产品，我们通常的表现是直接拒绝他，或者想方设法摆脱他。但是如果换成另一种情况，我们的感受就完全不同了。例如，我们想买一双鞋，服务员走过来问了我们的需求之后，便开始向我们介绍需要的产品，我们不仅不会拒绝，相反还会觉得这个服务员非常热情。

我们之所以接受后者，原因就在于后者介绍的产品是我们需要的，切中了我们的需求。因为没有人愿意浪费时间听销售员介绍一种自己根本不需要的产品。所以，作为一名销售员，我们应该理解客户的这种心理，在介绍产品时，要切中客户的需求，这样的销售才有可能获得成功。

当然我们也会遇到这样的情况，我们推销的产品并不是客户需要的。这时，我们应该怎么办呢，此时，我们不妨换个角度思考。我们产品的某一个特点可能不是客户需要的，那么另一个特点呢，或者其他的特点呢，总能找到一个对方需要的特点，把自己的产品推销出去。有时，我们可以直接询问客户需要什么，再根据客户的需要介绍自己的产品。有时客户并不会告诉我们他们的需求，但是我们可以从对话中捕捉到相关信息。

我们来看看下面这两个情景：

一位卡车推销员对一位前来看样品的客户说："听说你需要一辆卡车，我们公司有你需要的卡车。"

客户问："载重量是多少？"

推销员回答："我们只有四吨的。"

客户说："我需要一辆两吨的。"

推销员说："大一点儿有什么不好呢？万一有货多的时候呢？"

客户说："但是我们也要考虑成本啊。这样吧，如果以后有需要，再联系你。"

很显然，谈话进行到这里，销售员再想扭转局势就很难了。但是如果一开始，这位推销员改用另一种问法，结局就会完全不同。

推销员："你们平均每次运货多少吨？"

客户说："平均在两吨左右。"

推销员可以问："会不会有时多、有时少呢？"

客户说："有的。"

这时，推销员可以告诉他："如果需要买车的话，一方面从货物本身考虑，另一方面要从行驶的角度考虑。"

客户说："你说得对，但是……"

推销员说："假如行驶的路面有坡度，冬天行驶时，汽车受到的压力也会比平常大，是吧？"

客户："是的。"

推销员说："你冬天运货的次数要多一些吗？"

客户说："是这样的，冬天的生意要好一些。"

推销员说："冬天在路面上行驶，货物又多，卡车不是常常处于超负荷状态吗？

那么在买车时，你能否考虑留点余地呢？

从长远来看，你觉得怎样一辆车才是最值得买的？"

客户："当然要看车的使用年限了。"

推销员说："那么您比较一下，一辆常常超负荷运行的车和一辆从来不超载的车，哪一辆车使用的时间更长？"

客户说："当然是后者了。"

推销员再说："我们的四吨卡车不正好符合您的要求吗！"

从以上两个情景中，我们不难看出如果从客户需求角度出发介绍自己的产品，推销成功的概率会大大增加。因此，销售员在推销的过程中要善于捕捉客户的需求。例子中的客户实际上需要的并不是一辆载重量两吨的卡车，而是一辆更实惠的卡车。销售员在推销时发现了这一点，并通过一系列的提问证明了自己推销的卡车正是客户需要的车。因此，客户非常满意地购买了他推销的载重量四吨的卡车。

由此看来，一个成功的销售员首先应该了解客户的需求，根据客户需求介绍自己的产品，才能对客户有所帮助，也才能成功售出自己的产品。

介绍产品时要突出优势

了解自己所推销的产品的功能和各项技术指标及特点，是销售人员必备的基本功，只有具备了这种基本功才可能将产品的突出特点作为重点向客户展示，以达到"不同凡响"的效果，让客户心甘情愿地买单。

客户的购买欲望是销售得以顺利进行的前提条件，这是每个销售员都应知道的常识，激起客户的购买欲望是产品吸引客户的卖点，而这一卖点就是产品优势。客户只有看到这种产品相对于其他同类产品的优势，才会产生购买欲望。

高波是一家家用电器公司的推销员，一次，他通过朋友得知，某社区敬老院预购买一批洗衣机，于是就上门推销。

接待高波的是院长老陈，听完高波的介绍后老陈明确表示说："我们确实想换几台洗衣机，但是，今天上午已经来了三个推销员了。我正考虑买哪一种呢。这样吧，你也跟他们一样，留下一张名片，等我考虑好了给你打电话。”

高波知道，面对几个竞争对手只有突出自己产品的优势才能让对方选择自己的产品。如果只留下一张名片就离开，很难说他们会选谁的。

于是，高波问老陈："你们原来有洗衣机，为什么要换呢？"

老陈说："是啊，原来的洗衣机用的年头多了，现在老人多了，要洗的衣服也增加了，所以才想买几台。"

"是呀，洗衣机的修理既耗费时间又耗费精力。所以，我想帮您介绍一下我们公司的洗衣机，我想它一定可以很好地帮您解决这个头疼的问题。"高波解释着。

老陈不信，摇摇头说："全天下的洗衣机的保修期差不多都是一年。"

高波承诺："我们公司的洗衣机不一样，保修期三年，并且，三年后还会负责上门维修，费用才是市场价的一半。这是我们产品的最大优势。"

听高波这样说老陈有点意外："那洗衣机的其他功能怎么样啊？都是怎么卖的呢？"

"我们公司洗衣机的其他功能跟其他公司的洗衣机是一样的，费用也跟同类产品差不多，同样的价钱拿不一样的服务绝对是物超所值。"

老陈听到这，马上心动了："好吧，你给我说说买这款洗衣机的具体细节吧。"

产品最突出的亮点就是它能否给客户带来他所期待的利益，或者帮客户解决问题发挥一定的作用。因此，因人而异，强化自己产品的特点，是销售人员应该提前想到的问题。

下面这个例子也很好地证明了这一点：

某天，一位推销员敲响了某小区一位客户的家门，向这家推销化妆品，这家的先生来开门。

看到主人来开门，推销员主动介绍说："打扰了，我是来向你推销我们品牌的化妆品的。"

这位先生告诉他："我太太不在家。你下次来吧。"

销售人员马上回答说："请等一下，我今天是特意来找你的。"

"找我？我又不是女人，不用化妆品的。找我干嘛？"

销售人员解释说："你有所不知。虽然平时是太太买化妆品，但是我们的化妆品和其他的产品有所不同。"

"哪儿不同？"

"我们把产品的盒子设计成别致的心的形状，因为心的含义代表着疼爱和关心，你买一款送给你太太的话，不就是表示了你对太太的疼爱和关心了嘛！她看见这份礼物的时候一定会很感动，很开心的。"

听到这，先生问了："多少钱？"

"爱是无价的。"

"好吧，我买一款。"

销售人员这样三言两语就把一款化妆品卖给了这位先生。

对于销售人员而言，成功之道就是要挖掘每一种产品的特点，首先销售人员要对产品有一个全面、深刻的认识，这样才能明确地划分优缺点，找到容易被忽略的特性，给客户一个"出乎意料却在情理之中"的惊喜。

一般情况下，销售人员在向客户介绍产品时，无论什么产品，都会先从以下几个方面展开：实惠、方便、安全、关怀和成就感。针对不同的产品，销售人员的说辞可以千变万化。比如，你可以说："这个产品使用起来非常方便，能给你节省大量的时间"、"这款商品的设计理念，能够表现出你对家人的爱"、"这款产品非常符合你的品位"等等。

销售人员应该注意，对于产品的卖点的说明，应该密切结合客户的实际需求。否则，你用词再华丽，产品功能再丰富，也达不到吸引顾客的作用。

当销售人员掌握了客户的需求后，就应该在心底默默分析产品的优缺点、客户的需求与产品有哪些切合点，分析出产品的哪些优点是符合客户期望的，客户有哪些需求又是难以实现的，只有做到心中有数，才能强化产品的特点和优势，有针对性地对客户发起进攻。

擅长语言引导技巧

从某种程度上说，推销技巧就是语言技巧。在做公司及产品介绍时，巧妙地掌握一些语言技巧，能起到很好的引导作用。推销员要记住：在向客户做介绍时不能占用客户太多的时间，这就要求推销员用词要简炼，喋喋不休是最大的禁忌，如果你有这样的毛病，即使你的好朋友也会因此而躲避你。

有一位经理说：在最近的代理商会议上，大家投票表示意见，选择导致推销员交易失败的原因时，结果有四分之三的人归因为推销员的喋喋不休。力求简炼，就要求推销员平时多注意，把想谈的事逐项记在便条上，说话时，注意逻辑和层次，多使用“第一”、“第二”、“首先”、“其次”等，要避免夸张。有些推销员说话喜欢夸张，比如，好极了、简直独一无二等等，这些话在推销时都是很令人厌烦的。即使公司的产品再好，推销员也要注意避免使用那些闪烁其词的话语，只需要以事实服人。同时语言要生动活泼、耐人寻味。客户实际上就怕推销员说话华而不实，因此，时时警惕，生怕有被骗的事情发生。一般说来，客户都很害怕那些能言善辩的推销员，他们一看那些唾沫横飞、抢着说话、故弄玄虚的人会顿生厌恶之感。所以，越是态度沉着、善于倾听、言语中肯的推销员越受客户的欢迎。

因此，你能善于用“如果……那么你会……”等引导性的句子，你就可增加语言的强大的引导力。如果有一位先生到你这里来买衣服，你这样对他说：先生，如果你穿上这套衣服定会光彩照人。如果你买是付现金还是刷卡呢？听了这样的询问，那么对方即使是不爱说话或爱拒绝的客户也会出人意料地以轻松的语气来回答。以上是一种具有引导性的语言技巧，经验丰富的推销员称之为“魔术句子”。当人们回想过去或考虑未来时，脑中常以“如果当时……那么现在会……”或“如果现在是……那么将来大概会……”等一类的言辞来研究问题。

另外，推销员在推销时，注意使用一些敬语和尊称，也能使对方对你产生好感。对推销员来说，它更是一种服务态度的表现。由于服务态度的良好与否，往往是销售成败的关键，所以每一位推销员都必须有良好的服务态度。而所谓的服务态度不仅包括良好的态度还包括恭敬的言词。因此，推销员除必须具有良好、恭敬的行为举止外，更需要用良好的语言与对方交谈。

所谓的恭敬的言词主要由下列两个构成部分：尊敬对方的语言，谦虚的用语。

一般人际往来中，很少在局长、处长、科长等职务后再加上先生的称呼，然而对推销员而言，与客户交谈使用称谓时，需注意下列事项：在职称之后需加先生的称呼。称呼其他，同业人员也须加上先生的称呼。这会让对方听起来容易对你留下好的印象。

应该说，在整个推销中，语言交流都很重要，客户会问你一些问题，你要学习一些答话技巧。回答问题之前，要给自己一些思考的时间，在未完全了解问题之前，千万不要回答，同时要知道有些问题并不值得回答，有时回答整个问题，倒不如只回答整个问题的某一个部分。逃避问题的方法是：顾左右而言它，可以以资料不全或不记得为借口，暂时拖延。最好是让对方阐明问题。有时候，针对问题的答案不一定是最好的回答，所以不要在这方面过多地下功夫。

始终说让客户认可的话

世界著名推销大师托德·邓肯在向对方推销时，总是先向客户说一些让他认可的话。他发现这种方法对于下面的谈话能顺利进行大有益处，当他问过五六个问题，并且客户都认可了，再继续问其他关于购买方面的问题，客户仍然会点头，这个惯性一直保持到成交。他请了一个心理学专家为自己设计了一连串的问题，而且每一个问题都能得到自己的准客户的认同。利用这种方法，托德·邓肯收获了很多大额保单。

由此可见，销售时销售人员刚开始的那几句话是很重要的。例如：

一位汽车推销员上门推销："有人在家吗？……我是某某空调生产公司的推销员，是前来拜访的……"

"空调？对不起，我们现在还没有打算要买。"这往往是这种推销员常遇到的尴尬。

很显然，对方的答复是"不"，而不是认可，如果再要使他改为"是"就很困难了。因此，在拜访客户之前，首先就要准备好让对方说出认可的话题。

上例中第一句话，不具有太大意义，但却是整个销售过程的关键。比如改成这样说："有人在家吗？我是某空调生产公司的推销员。我们现在生产一批专门针对这一地区、这一户型的实用空调，想请你给提提建议。"这样说除非对方存心和你过意不去。否则，他必然会同意你的看法。这样一来，你不就得到第二句"是"了吗？

销售人员一开始同客户会面，就要向客户制造出对商品的肯定式的悬念。等到进入交易过程中，客户虽对悬念仍有印象，但已不认真留意了。当销售人员稍后再试探客户的购买意愿时，他可能会再度想起那个悬念而且还会认为这是自己思考得来的呢！

客户经过商谈过程中长时间的讨价还价，办理成交又要经过一些琐碎的手续，所有这些都会使得客户在不知不觉中将销售人员预留给他的悬念，当做自己所独创的想法，而忽略了它是来自于他人的巧妙设计。因此，客户的情绪受到鼓励，定会更热情地进行商谈，直到与销售人员成交。

客户常说"我还要考虑考虑！"其实，客户常用的这个推辞借口也是可以巧妙避免的。一开始商谈，就立即提醒对方应当机立断就行了。比如：

"你有目前的成就，我想，也是经历过不少大风大浪吧！要是在某个紧要关头稍微一疏忽，就可能没有今天的您了，是不是？"不论是谁，只要他或她有一丁点成绩，都不会否定上面的话。等对方同意甚至大发感慨后，销售人员就可接着说：

"我听很多成功人士说，有时候，事态逼得你根本没有时间仔细推敲，只能凭经验、直觉而一锤定音。当然，一开始也会犯些错误，但慢慢地判断时间越来越短，决策也越来越准确，这就显示出深厚的功力了。犹豫不决是最要不得的，很可能坏大事呢。你说呢？"

即使对方并不是一个果断的人，也会希望自己是那样的人，所以对上述说法点头者多，摇头者少。因此，下面的话就顺理成章了：

“好，我也不喜欢那种优柔寡断，成不了大器的人。能够和你这样有决断力的人交谈，真是一件愉快的事情。”这样，你怎么还会听到“我还要考虑考虑”之类的话呢？

任何一种借口、理由，都有办法事先“堵”住，只要你好好动脑筋，勇敢地说出来。也许，一开始，你运用得不纯熟，会碰上一些小小的挫折。不过不要紧，总结经验教训后，完全可以充满信心地事先消除客户的种种借口，直奔成交，并巩固签约成果。

让顾客感觉你是个专家

当推销员上门推销时，对方听了你的介绍感觉你是个专家，他会愿意听你继说下去，因为你知道他需要什么，了解什么，而不需要再花费时间调研，去做一些无意义的咨询。

有一位营销总监去电子卖场，刚进门就被一个年轻的销售员拦住，推销他们的产品。这位总监对产品毫无兴趣，倒是反过来问道：“你是做什么的？”只见那个销售员愣了半晌，说道：“我是专职销售员。”总监微微笑了笑，然后说，你不应该把自己当做是卖货的，最主要的是你要当好导购专家。

的确，现在的客户更喜欢专家式的销售员，一种掌握了正确的说话方式的销售员。

一家传真机公司销售刚刚面世的传真机，虽然产品很有优势，但始终不能打开市场。因为传真机价格很昂贵，大约在五六万元人民币，所以买家很少。针对这种销售不畅的实际情况，该公司请一家销售公司的资深推销员来帮助考虑如何将传真机推向一个新的领域，打开市场。

这位推销员通过研究传真机的一些特性，发现传真机有三个非常重要的特性，这三个特性是当时市场上所有的通信工具和手段都无法替代解决的速递式、跨距离以及可以传送数据和文字。于是他根据传真机的三个特性到市场上去寻找必须使用这三个特性的客户以及必须用这三个特性来解决工作中难题的客户，很快就发现了目标客户，是一家石油公司。

这家石油公司在太平洋有很多钻井平台，他们每天要派直升机往返两次获得从钻井平台上采集与钻井采油相关的所有数据，再将这些数据通过一种特殊的方式传递到总部，由总部的专家来分析这些数据。可以想象，用直升机每天往返两次到钻井平台，如果是10个钻井平台，就需要更多的直升机。其次，数据要从钻井平台传到海岸，又由海岸再传到总部，整个传递需要很长时间才能完成，于是，该公司根据这些情况向该石油公司推荐了这一款传真机。最后，该石油公司采购了1000台传真机。

这就是由推销员来完成的专家式销售，它通过发现客户的需求，了解客户的真实情况，为客户提供解决方案，最终产生了一个非常大的订单，引发了非常大的市场需求。这和一般的销售代表仅仅通过表面现象去发现问题点或者仅仅通过一个问题点就进行强行的销售有本质的区别，当然也会产生绝对不同的效果。

这种专家式销售就是要求销售员站在客户的立场上，销售的不是一种产品，而是一种解决方案。在销售过程中，销售员要成为能令客户信赖的专家和顾问，能够解决客户的个性化问题。

如果是家具销售员，这种专家式的销售员就会上门帮客户测量、设计家具摆放的方案，在购买时，也会给予客户非常实用的建议。所以，这种专家式的销售要求销售员真正理解客户需求，帮助客户解决生活中遇到的一些问题和未来生活的规划。

成为专家式的销售员，给客户的感觉是你很专业，那么相对于那些一问三不知的销售员来说，这种销售员更受客户欢迎。同时，专家式销售还能为客户提出解决问题的方案，这样客户也容易依赖你。

此外，专家式销售还能提升产品的附加价值。专家式的销售方式，讲求与消费者的互动及进行深度的情感沟通，与交易式、销售式形成了差异化的竞争优势。这种方式更容易吸引和打动消费者，提升了品牌的附加价值，更容易形成品牌忠诚度。

专家式销售的效果尽管很好，却并不容易实施，所以这种销售方式对销售员提出了很高的要求。

首先，销售员要做好专家式销售，必须从态度、知识、技能各个方面去提高自己，这样才能成功找到解决客户问题的策略和方案，成为客户信赖的顾问和专家。

其次，要培养健康积极的销售心态，即不只是光想自己赚钱得利，心里要有切实为顾客着想的意识和行动。

如果销售员抱着一腔为客户选购产品的热情，几乎所有客户都会为之感动的，双方的成交也就顺理成章了。

客户需要你的产品，但是他不知道你的产品会有怎样的性能；他不知道你的产品解决怎样的问题；他不知道选择哪种产品最好。这就需要你的指导，因为你就是帮助客户买东西的专家。

说对方急于要听的话

随着电子商务的发展，电话营销、网上营销正方兴未艾，作为销售员都知道，电话营销与一般形式上的销售方式有所不同。与客户进行电话沟通，如果语言过于冗杂，势必会让客户没有耐心进行信息的筛选。因此，销售人员一定要紧紧抓住拨打电话的每一个有利时机，以专业、精炼的话，使自己的电话营销活动尽可能高质量、高效率地展开。

某食品公司销售员申军已经进公司三个月了，可是他还是和销售新手一样，在拨打电话的时候毫无章法："李经理吗，你好！你现在有时间吗？很不好意思打扰你。我姓申，是××食品公司的推销员，我想向你介绍……"

显然电话那头的李先生已不耐烦了："对不起，我正忙，对此不感兴趣。"说着就挂断了电话。

小申放下电话，硬着头皮又打了半个小时，每次刚和客户讲上三两句，客户就挂断了电话。

他打电话的经过都被上司孙经理听到了，孙经理问他："小申，你知道对方为什么挂你的电话、拒绝你吗？"

申军想，约见客人难，大家都知道，我约不到，有什么稀奇。

孙经理见他不吱声，便解释起来。

"首先，你应该说明来意，是为会面而打电话的，而不是直接问对方有没有时间。而且，你要明确一点，那就是我们打电话是为了约见客户，见面才是目的。隔着'电线'，有些事是说不透的。就算客人想买，难道能电话传支票给你吗？所以，总结起来，你在和客户打电话的时候，虽然话说得很多，但没切中要害，显得毫无章法。"

案例中，申军的上司孙经理的话是有道理的，与客户电话沟通，约见才是最终目的。过多冗杂的语言会让客户理不清头绪，所以，他们一般都会回绝。可见，成功地给客户打电话需要掌握一定技巧。很多人对电话销售反感，不是对模式本身的反感，而是对拨打电话的人的反感。同一个公司的电话销售，不同的销售员拨出可能有截然不同的效果，销售人员的能力起着举足轻重的作用。电话销售人员要掌握娴熟的沟通技巧，才能让客户接受。所以，对于电话销售人员来说，要想成功地通过电话约见客户，进而达成交易，需要掌握娴熟、专业、精炼的表达及技巧，具体来说，销售员需要做到：

1. 事先做好专业知识与销售技巧方面的充分准备

在进行电话营销之前做好相应的计划和准备，这有利于销售人员在拨打电话给客户的时候更加清晰地抓住要点，从而使得电话沟通的时间得到有效利用。而且这样做，还可以使客户的时间得到有效的节约，从而不会引起客户的反感。

另外，对于那些疑心很重的客户，销售员在专业知识方面的准备尤为重要。因为丰富的专业知识可以帮助你在面对客户提出的各种问题时为客户提供满意答案，而良好的销售技巧则有助于你在销售过程中能够更加适时适度地说服客户。比如，销售人员可以在产品的技术标准、所用原材料性能特点方面做好充分准备，还需要在把握客户心理、培养销售技能等方面做好相应的准备。

2. 不说与销售无关的话

销售人员在开展电话营销的过程当中，一定要紧紧围绕自己的销售目标与客户进行沟通，说对方急于了解的话可以使你的电话接听率更加高效。如果销售人员在电话当中经常啰啰嗦嗦地说一些应酬性、调侃性等与自己的销售目标无关的话，不仅仅会白白浪费时间，而且还会令客户感到厌烦——客户的时间也是相当宝贵的，如果你在电话中说一些无聊的话浪费客户的时间，客户下一次只要一看是你的电话可能连接都不会再接了。

3. 修饰自己的专业语言

对此，销售员需要做到：

（1）语言文明简洁。例如："你好！我是北京瑞凯的小张，有一个非常好的资讯要传递给你，现在与你通话方便吗？谢谢你能接听我的电话……"等等。

（2）面带微笑及训练有素的语音、语速和语调。这是谈话过程中传达给客户的第一感觉——信任感，增加客户在交流时的愉悦感，乐意与你沟通下去。

（3）具有良好的语言沟通能力。沟通能力要变成有效的能量，需要经过学习、组合，运用各方面的能力互相支援互补，其中最重要的能力是倾听能力。良好的倾听能够准确地了解客户的真实需求。

第四章

说能够让顾客放心的话

——听放心的话是顾客购物时要达到的前期目的

有些时候，有的用户虽然需要某种商品，但出于多种原因，他并不马上购买，而是先到商家或售货员那里去探听一些关于这种商品的信息，或价格或质量或服务。而作为推销员的你必须善于观察和揣摩顾客的心理，什么话让顾客因买产品而悬起的心能安稳地放到肚子里，你就对他说什么话，这样他才愿意和你谈交易。

客户都怕上当受骗

现代市场暗流很多，害怕上当受骗是购物者心里普遍存在的担忧，所以在销售过程中，大多数客户对销售人员都存有戒心也是可以理解的。他们认为销售人员是为了卖东西必然会说很多“好话”，而这些“好话”里包含着一些虚假的成分，甚至会存在欺诈的可能。销售过程中，如果不能够从根本上消除客户这种害怕被骗的心理，交易就很难成功。

高丰和同学去一家手机店买手机，看上了一款新型号的，觉得样式和配置都比较满意，想要售货员拿真机来看一下，结果销售员说这边没有真机，交了钱十分钟就调来了。高丰也没想那么多就把1000块钱交给了那个售货员。

但是，售货员并没有给高丰拿真机，而是开始忽悠说：“你看看这款吧，性价比比你看的那个要高，而且参数也高，只是要添150块钱。你要的那款下软件要花钱，系统重装也要花钱，卸了也要花钱，算下来就不止150元了。”高丰想想有道理，添了150块钱，也没仔细看，就拿着机子走了。

回去以后，高丰越想越不对劲，就上网查了一下这型号机子的参数，发现根本就不是那个售货员说的那样，且网上只售600块钱。于是第二天就去找那个售货员退货。结果售货员根本不承认自己说过这个机子参数有那么高，还说是高丰自己听错了，所以坚决不给退。高丰很生气，感觉自己被骗了，可是人家不给退也没有办法，只是心想：“以后打死也不去他们家买东西了。”还要告诉身边的人再也不要上当受骗了。

从这个小案例来看，高丰无疑是吃了亏的人，但那个出售不合格手机的经销店及售货员就真的占便宜了吗？从长远见，答案是否定的。说真话、做让客户放心的事才是销售真谛。为此，作为推销员要做到：

1. 耐心解答客户的提问

客户所提出的问题一般就是其所顾虑的原因。如果能耐心地回答好客户所关心的这些问题，就在很大程度上消除了客户对产品的顾虑。

2. 诚心对待客户，真实介绍产品

当客户对产品的某些方面提出质疑时，你不妨直接对客户说出产品的缺点，这比客户自己提出来要好得多。这样至少可以让客户对你产生信任感，觉得你是个诚实的人。当你赢得客户的信任以后，再去推销自己的产品就会更加有把握。

3. 做好售后服务

销售人员在销售的过程当中，要想消除客户的顾虑心理，使他们觉得自己所购买的商品物有所值，就必须得做好售后服务保障工作。售后对于消除客户顾虑起着很大的作用，最起码当客户想到产品出了问题有地方解决时，心里就会踏实很多。

在销售过程当中，客户怕被骗的心理若不能消除，将会给销售工作带来很大的阻力。所以销售人员一定要善于接受并巧妙地化解客户的顾虑，使客户放心地购买产品。

善用引人注意的说服方法

俗话说“买卖不成话不到，话语一到卖三俏”，可见面对客户时推销能否成功说服的作用很重要。推销实际上是一场心理学游戏，客户购买任何一种产品或服务，只有一个原因，便是因为对他有价值。客户不买是因为他觉得价值不够。所以，在说服之前推销员首先要了解客户的价值观，看看什么对他最重要。

推销员要依照客户价值观的轻重来介绍产品，要提升他拥有产品后的快乐，要把产品的功能、特色、好处延伸出来介绍，重复告诉他拥有产品后给他带来的好处、快乐，让客户觉得购买产品物超所值。然而我们却发现，一些推销员常犯的错误是，他们的产品介绍单调、生硬、抽象，不吸引人，客户听了之后激不起兴趣，甚至，不等你唠叨完人家走人，或催促你走人，所以，让你的介绍富有诱人魅力，就要讲究说服的艺术性。推销员可以采用以下方法：

1. 善用笑容

耶鲁大学曾经做过一项有关“影响力”的研究，这份学术研究的结果事实上和大多数推销人员知道的差不多。耶鲁大学的教授经过了几个星期的试验之后，发现就受测者的容貌、个性和态度各方面评估的结果，笑容是个人发挥影响力最大的利器。

2. 反复强调

推销员如果真想说服其他人采取行动，除了笑容之外，还需要其他的辅助手段。举例来说，你必须以容易理解而可信的方式表达你的信息。沟通专家说，你如果希望做成一笔买卖，你必须把你的信息多次强调，使它明确可信。然后要有技巧，让人不觉得你是在重复。

3. 讲经历

通过故事来介绍商品，向客户介绍产品的开发历史，是说服客户的好方法之一。通过故事，推销员把要向客户传达的信息变得饶有趣味，使客户在快乐中接受信息，对商品产生浓厚兴趣。由于故事都倾向于新颖、别致，所以它能在客户的心目中留下深刻的印象。当一个推销员能把商品在客户的心目中留下一个深刻、清晰的印象时，他就有了真正的优势。

美国纽约“成功动机研究”主持人保罗·梅耶，进行大量研究后发现，优秀的推销员都会巧妙地利用人们喜欢听故事的兴趣去取悦客户。他们会津津有味地讲起与推销有关的故事。

任何商品都有它迷人而有趣的话题：它是怎样发明的？发明的过程、怎样生产出来的、商品带给客户的好处，等等。推销员挑选生动、有趣的部分，把它们编成一篇令人喝彩的动人故事，以这个故事作为推销的武器。用这种方法，推销员就能迎合客户、吸引客户的注意，使客户产生信心和兴趣，进而毫无困难地达到推销的目的。

一位钢厂推销员在听到客户询问“你们产品质量怎样”时，他没有直接回答客户，而是给客户讲了一个故事：“前年，我厂接到客户一封抱怨信，反映产品质量问题。厂长下令全厂工人自费掏钱坐车到一百公里之外的客户单位，当全厂工人来到客户使用现场，看到由于质量不合格而给用户造成损失时，感到无比的羞愧和痛心。回到厂里，召开质量讨论会时，大家纷纷表示，今后决不让一件不合格的产品进入市场，并决定把接到客户抱怨的那一天，作为'厂耻日'。结果，当年我厂产品就获得省优称号。”

推销员没有直接说明产品质量如何，但这个故事让客户相信了他们的产品质量。

4. 引用例证

举例说明问题，可以使观点更易为客户接受。人们在研究中发现，用10倍的事实来证实一个道理要比用10倍的道理去论述一件事情更能吸引人。显而易见，生动的带有一定趣味的例证的事情，更易说服客户。

例如有甲、乙两位推销员分别举例说明自己产品的优点，甲介绍说：“使用这种机器，可以大大提高生产效率、减轻劳动强度。它受到用户们的好评，订货量与日俱增。”

乙说：“钢铁厂使用了这种机器，生产效率比过去提高了40%，工人们反映操作方便，效率高，非常欢迎。现在，该厂又追加订货10台。”

甲的说明是由一连串简单的肯定句子所组成，缺乏事实根据，使人听了不踏实，无法让人信服。乙的说明引用了多个数据，有根有据，让人不可不信。

推销员引用例证，要注意例证的分量，越是切题的例子，就越具有说服力。在引用例证时，推销员应注意：讲真话，不可编造例子，要从事实中去搜集；要具体，不用笼统的概括，多用具体的实例，力求明确；求生动，讲述情节，引人入胜；切主题，所引例证是为证明自己的说法服务的，切忌驴唇不对马嘴。

5. 具体描述产品利益

产品带给客户的利益是吸引客户购买的关键。产品带给客户的利益在客户没有使用之前都是抽象的、概念性的。推销员不能把产品利益变成具体的、实在的、客户可明确感受到的东西，利益就不会变成吸引客户的因素。如产品能使客户“节省”，推销员不能把“节省”的结果算出来，把概念性的“节省”一词变成具体的、事实的数字，那么，“节省”就是一个空泛的词汇，不会具有打动客户的作用。具体的细节比笼统的说法更易打动客户。

一位高压锅推销员对客户说：“五口之家用高压锅，每天可节省1毛钱的煤气费，每年可节省36元。高压锅按国家规定的标准可用8年，这就是说，你家使用高压锅，不仅省时、省事，节省的煤气钱就达300元，而我们的高压锅才卖70元。”

总之，想要说服挑剔的客户并不是想像中的那么难吧？只要推销员多动脑筋，掌握了上述这些说服技巧，让客户签单就如探囊取物一般容易。

满足客户对于安全感的心理需求

影响买者的购买行为还有一个关键因素，那就是安全感。

马斯洛是人本主义心理学的代表人物。他认为，安全感是人类要求保障自身安全的需要，也是除了生理需要外第二需要满足的需求。

如今的市场，还不能完全清除暗流的浮动，假冒伪劣商品层出不穷。而且产品的使用安全始终是客户的第一购买需求。销售人员想提高自己的销售业绩，一定要学会抓住安全感，努力满足客户的安全需求。

为此，要注意做好以下几点：

1. 给予客户心理安全感

为了让客户心理有安全感，专业是质量的保证，你首先要保证为用户提供产品；其次，要通过自身的业务能力的提高，来为客户提供产品安全保养和使用说明。

2. 给予客户经济安全感

经济安全感主要是指经济上的损失，推销员要向用户进行必要的产品成本介绍，让客户有不吃亏的感觉。帮助客户用最少的钱发挥最大的效益，虽然起初的销售额较低，但给予了客户经济安全感。客户的信任高于一切，只要赢得了客户的信任，还怕你的销售量、销售额和销售业绩上不去吗？

3. 给予客户人身安全感

客户的人身安全也极为重要。销售人员有时候会害怕把产品说得太详细而打消客户的购买欲望，所以总是躲躲闪闪，希望客户不要去注意产品中的问题。实际上，这样的做法是非常愚蠢的，除非你想捞一笔就跑。有的产品存在一定的风险性，所以一定要跟客户说明这些风险，切实保证客户的人身安全。让客户感受到："原来你也关心我的安全，而不是只想着我的钱。"满足客户的安全感，让客户凭着安全感决定自己的购物需求，这才是真正高明的销售技巧。

还有一些销售人员在和客户沟通的过程中，总围着客户的需求绕圈子，觉得自己很被动，实际上，客户常常觉得自己很不安全，潜意识里拒绝销售人员的"进攻"。因此，客户才是被动的。

销售人员应该明白，不管你的推销技巧有多独道、多高明，客户都知道你的目标只是想掏出他们口袋里的钞票。对客户来讲，他们内心真正需要的却是一份安全感，所以一方面希望自己的需求得到满足；另一方面希望你的产品质量上有保障，不至于对人身造成安全威胁。

销售人员和客户交流的过程中存在着相互矛盾的复杂心理，这种矛盾心理源自于哪里？安全感！客户的不安全感使得他们在每一次的沟通过程中都从内心渴望得到销售人员足够的关注。一个优秀的销售人必须理解客户的这种深层次需求，尽量满足他们的安全感！

用承诺消除客户疑虑

在购买中，有些客户表现出对购买的疑虑，是因为害怕承担购买产品或服务的风险。如果销售员能提供一份可靠的承诺，使客户的购买行为变得毫无风险，或者至少能够最大限度地降低风险，就会大大地消除客户的这种疑虑。

当然，提供任何产品和服务都是有风险的，这一点可以理解，但是通过陈述并且宣传你的保证和承诺，你商业前景上的风险就会减弱，并且大大提高潜在客户对你的信任，加强他们购买的意愿，并最终促使客户和你成交。

销售员宋俞向某公司推销软件系统，他在与该公司的负责人商谈时，就适当地运用了承诺，结果签下了一笔大订单。

这家公司的软件系统时常出毛病，严重地影响了公司的工作效率。经过研究，该公司决定投入大笔资金，全面更新公司的软件系统。

小宋获得这个消息后，前去洽谈。通过努力，这家公司的相关负责人对小宋推销的软件系统终于有了一点意向。但是，鉴于以前购买的软件系统质量不高，经理迟迟不肯签单，希望能另外找到质量和性能更可靠、价格更优惠的软件系统。

面对这种情况，小宋向经理保证："如果贵公司采用了我们的软件我抽时间亲自给你免费送货，免费安装，全程安装都由我亲自监督，等你验收！假如在运行当中因我提供的软件有问题，我承诺：除软件不要钱外，还包赔因此而带来的一切损失。"

该公司经理看到小宋的态度如此自信坚定，想了一会儿，说："好，那就试试吧！"

于是，小宋顺利地与该公司成交了。

在销售过程中，每当客户遇到产品的单价过高、总额比较大、风险比较大、对此种产品并不是十分了解、对其特性质量也没有把握时，产生心理障碍或成交时犹豫不决的现象是非常正常的，对此，销售员应该及时向客户作出承诺，提出保证，增强客户的信心，促使客户签单。

在上面的实例中，那家公司要更换软件系统，由于数额较大，而且对软件的信心不足，因此该公司负责人在签单前显得犹豫不决。此时，销售员如果不能进一步地承诺，作出坚决的保证，恐怕订单就拿不到手。

向客户承诺的最大优点就在于能够增强说服力，尤其是当销售员信誓旦旦地保证或者承诺客户可以实现什么利益时，客户往往能够迅速达成交易。但是，销售员在使用这种方法时，也需要注意一些问题。

1. 承诺必须依据能力来进行

这是非常重要的一点。试想，一个手机销售员向客户承诺，购买这款手机一个月内出现问题，十倍价值赔偿，肯定是没有人相信的。事实是承诺的依据，这里所指的事实既指客户所需要承诺的事实，又指产品本身和企业本身的事实。销售员千万不要作出无法兑现的承诺，否则就是坑蒙拐骗，毫无信誉可言；在这种情况下，销售员要想利用承诺的方法促成订单，不仅不能促成客户迅速签单，反而会导致客户的不信任。

2. 要看准客户的成交心理障碍

在销售过程中，销售员只有看准客户的成交心理障碍，针对客户所担心的几个主要问题直接作出承诺，提供保证，才能够有效地消除客户的后顾之忧，增强客户成交的信心，促使客户下决心签单。否则，如果不知道客户的成交心理障碍所在，那么很容易作出不利于自身的保证和承诺。

美国有一个销售员向日本人推销产品，日本人慢条斯理地将该销售员提出的优惠条件重复了一遍。该销售员以为客户仍然没有下决心购买产品，于是便进一步承诺将产品的服务保修期延长到10年，日本人不动声色地接受了这一保证。这个销售员就是没有把准客户的心理，自作聪明，错将客户的习惯行为当做了异议，结果作出了不利于自己的产品承诺。这大大地增加了销售成本，为后来的销售带来了不少麻烦。

即使销售员有实现承诺的能力，但是过度的承诺仍然会使自己承担过于繁重的义务，不利于以后销售工作的展开。因此，销售员在利用这种方法说服客户签单时，一定不能过度承诺，而需要有理、有利、有节地承诺。

向客户真诚地介绍和答疑

在销售人员向用户介绍产品和要求订货时，多数客户所关注的问题基本是一致的：无外乎是品牌、价格、质量和服务等等，如果这些条件都低于用户的预期，购买就搁浅了，这时销售人员应该采取主动的方式，对客户的异议及时给予解答和必要的承诺，具体看下面的例子：

“你好！肖经理，我是 ×× 公司的推销员，今天打电话给你，主要是想听听你对上次和你谈到的购买电脑的事情的建议。”

“啊，你们那台电脑我看过了，品牌不错，产品质量也还好，不过我们还需要考虑考虑。”

听对方如此说，这位推销员做了这样的回话：

“明白，肖经理，像你这么谨慎的负责人做事考虑得都会十分周全。只是我想请教一下，你考虑的是哪方面的问题？”

“你们的价格太高了。”

“你主要是与什么品牌和配置的比较呢？”

“你看，你们的产品与 ××× 公司的差不多，而价格却比对方高出 1000 多块钱呢！”

销售人员对此做了这样的解释：“我理解，价格当然很重要。但肖经理，除了价格以外，买电脑时你还关心什么？”

“我们还很关心服务。”

“那么，你看，就我们的服务而言怎么样？”

“你们的技术支持工程师什么时候下班？”

销售人员告诉他：“一般情况下，晚上 11 点！可在非常情况下，24 小时内随叫随到。”当然，这是推销员临时做出的承诺。

客户开始表示认同，这就等于发出了购买信号，这时可以进入促成阶段了。

销售人员见火候已到，马上追问："肖经理，既然你也认可产品的质量，对服务也满意，你看我们的合作是不是就没有什么问题了呢？"

"其实吧，我是在考虑买兼容机好一些呢，还是买品牌机好一些，毕竟品牌机太贵了。"

销售人员又解释说："当然，我理解肖经理这种出于为公司节省采购成本的想法，这个问题其实又回到我们刚才谈到的服务上。我担心的一个问题是，你买了兼容机回来，万一这些电脑出了问题，你不能得到很好的售后服务保障的话，到时带给你的可能是更大的麻烦，对吧？"

"对呀，这也是我们为什么想选择品牌机的原因。"

销售人员称赞道："对！对！这绝对是一种有远见的决定，您看关于我们的合作……"

"这事，你还得找采购部人员，最后由他们下单购买。"

"那没关系，我知道肖经理你的块定还是很重要的，我的理解就是您会考虑使用我们的电脑，只是这件事情还需要我再与采购部人员谈谈，对不对？"

在这个案例中，电话销售人员成功地消除了客户的疑虑，最终取得了成功。

在上面的案例中，销售人员把客户那种模棱两可的说法变成了肯定的决定，表现出了一种极其诚恳的态度。

追问必须讲究一些技巧，而不可顺口答话。

用翔实的数字和事实与客户交谈

在销售行业中，我们经常听到有些销售人员抱怨：为什么我们向客户介绍产品，真诚得就差把心掏出来了，可他还是犹豫不定呢？实际上，这说明你对产品的介绍并未对客户起到作用。此时，若你能用一组数据说明产品或者用权威、事实等证据，就能打消客户的疑虑，增加客户的购买信心。

比如，我们举一个推销员的推销实例：

销售人员："你好，我是 ×× 公司打印机客户服务部的推销员，我这里有你的资料记录，你们公司去年购买了我们公司的一台打印机，对吗？"

用户："哦，有这事！"

销售人员："我给你打电话的目的是，这个型号的不干胶打印机已经不再生产了，以后的配件也比较昂贵，提醒你在使用时要尽量遵守操作规程。你在使用时阅读过使用手册吗？"

用户："没有呀，不会这样复杂吧？还要阅读使用手册？"

销售人员："其实，还是有必要的。实在没时间阅读当然也是可以的，但机器的寿命就会缩短。"

用户："我们也没有指望用一辈子，但最近生意比较忙，打印机的任务也就多了一点，如果坏了怎么办呢？"

销售人员："没有关系，我们还是会上门维修的，虽然要收取一定的费用，但比购买一台全新的还是便宜的。"

用户："对了，现在再买一台全新的打印机什么价格，最近的业务量开始大起来了，我还怕以前的那台机器受不住呢。"

销售人员："要看你选择什么型号的，您现在使用的是 R210，后续的升级产品是 R270，不过完全要看你每个月的使用频率。以你现在的机器的使用情况，我还真要建议你考虑用后续的了，它的承载量是前者的两倍。"

用户："要是这样，你能否给我留一个电话号码，年底我可能考虑再买一台，也许就是后续产品。"

销售人员："好的，对了，我还要告诉您，公司对老客户年底时还有一些特殊的照顾，R270 型号的渠道销售价格是 10100 元，如果作为 R210 的使用者购买的话，可以按照八折来处理，或者赠送一些你需要的外设，主要看你的具体需要。这样吧，你考虑一下，然后再联系我。我可以将一些优惠政策给你保留一下。"

用户："稍等，我要计算一下，我在另外一个地方的厂房里要添加一台打印机。这样吧，基本上就确定了，是你送货还是我们去取？"

销售人员："都可以，如果你不方便，还是我们送过去吧，以前也去过，容易找的。你看送到哪里，什么时间比较好？”

后面的对话就是具体落实交货的地点、时间等事宜了。

在这则案例中，销售员不到三十分钟的时间就再次推销出去了一台打印机。这里，我们发现，自始至终，他的说明都很具体。而正是对这些数据的精通，让客户折服，相信他的专业素质，从而选择再次与销售员合作。

的确，在介绍产品的时候，一定要显示出自己的专业素质，尽量权威、精确地介绍产品的各个方面，越是精确、越是权威的数字，越能让客户感受到你的专业，也就越能获得客户的信任。现在，很多商家都意识到了这种方法。

第五章

说顾客感觉你是在帮助他的话

——顾客会把帮自己说话的人当做是可信赖的人

在商场中，顾客面对商品处在可买可不买的情况是很多见的，在这种情况下，推销员一句冷漠的话或是一句贴心的话，就会左右交易的走向，因此，面对顾客推销员多说些贴心话和帮助的话，很容易把一些潜在客户变为现实的客户。

如何说顾客才会听

上篇

为顾客介绍产品既真心又贴心

许多推销员在销售时都抱着这样一种心理，即“赚钱是唯一目标”。于是，在这一心理作用下，许多销售人员为了使自己获得更多的利益，总是不惜损害客户的利益。他们或者诱导客户购买一些质量差但价格高的商品，或者是买完之后就感觉事情已经与自己无关，对客户在使用过程当中出现的任何问题都不闻不问……

这样做的结果可能使你在短时间内获得不菲的收益，但是从长远来看，对销售人员的发展却是极为不利的。因为，如果客户的利益受到损害的话，首先对售货部门有意见，进而损害的是销售人员的信任感，长此以往，大量的客户流失也就是必然的了。

因此，在销售过程当中，销售人员如果能够将客户所面临的问题当做自己的问题来解决，而不是进行“一锤子买卖”，无疑将会增进彼此之间的信任，这样同客户之间的关系也将更加稳固，合作才会更加长久。比如：

推销员李力向在冰箱跟前犹豫不决的某女士介绍说：“我们的冰箱采用的是最先进的技术，用电量很低，而且保鲜效果也是最好的，与其他牌子的冰箱相比，我们的产品更省电，用电量只有普通冰箱的一半，虽然价格略微有点高，但是每个月能为你省下不少电费呢。”

该女士听完之后，似乎已经有了购买决心，李力观察到这个变化后继续说道：“我们的产品保修时间很长，如果你购买了我们的产品，我们将免费为你维修，是不收取任何服务费用的。其他品牌的产品虽然一般也不要维修费，但是需要付服务费，这服务费也是一笔不小的开支啊！”听完李力的描述，该女士略微思索了一下，便决定购买该产品了。

销售过程当中，为客户着想最为实用的一点就是能够为客户提供附加价值和更加省钱的方案，这样销售人员才能够受到客户的欢迎。应时时刻刻为客户着想，站在客户的立场上看待问题，帮客户想一下怎么才能够省钱，然后自己再从中赚钱。其实这样想也并不矛盾，因为当客户非常信任你之后，才会继续和你合作，在多次合作之后，你从中获得的利润当然要比“一锤子买卖”大得多。

其实销售人员与客户之间的关系不是对立的，而是互利的。所以在谈生意的时候，销售人员要学会像对待朋友那样来对待你的客户，要亲切友好，为长远的发展着想，彼此照应，俗话说：“精诚所至，金石为开”，只要一方真心购买，另一方又真诚介绍、真诚相待，相信很容易保证销售的成功。

销售人员小张就是一个非常诚挚的人，他在销售过程当中所坚持的原则就是不说谎话、真诚对待每一位顾客，争取双赢，他总是坚持时刻为客户着想，站在客户的角度真诚替他们考虑。也正是因为这样，小张的销售业绩在公司里一直名列前茅。

一次，一个外地客户打来电话询问一些他们想要购买的机器的价格等情况。小张听了客户的介绍之后，感觉到客户要求配置的机型很不合理，虽然按照客户的要求去做，他的销售额会很高，但是他却不打算这样做。于是小张在电话里向客户建议道：“我刚才仔细看了您的数据，觉得你们要买的机型配置不是很合理。当然，按照这样的配置使用是没有任何问题的，但问题是要达到同样的效果，机器数量和机型容量都可以减少一些，这样你的投入也会适当降低一些。”

“哦，是吗？”对方似乎有些惊奇地回答道：“但这些类型的机器是厂里规定采购的，而且这也是经过了好几个工程师的测算的，应该不会出现什么错误吧？”小张听到这里，诚恳地对对方说，对此，我可以帮助你们咨询一下我们的专家，然后再给你们建议。挂断电话之后，他又与公司的工程师一起做了一份详细的技术说明和可行性分析报告，并通过邮件发到了对方的邮箱里。

一个星期过去了，对方终于来电话了，对方甚至还有些兴奋地告诉小张："其实我在之前已经打了很多电话咨询，可是没有一个人像你这样给我讲的这么详细，这样为我们着想。我现在就把合同传给你，而且我们公司也确定你们公司就是我们的长期供货商了！"

从这个例子我们不难看出，小张正是坚持了"为客户着想"的理念，最终赢得了客户的信任。其实，销售人员在销售的过程当中应当有这样的意识，那就是在和客户进行交往的过程当中，你并不是向你的客户传授某些知识或者说教的，你是在为其提供服务和帮助的，也是在为他们解决问题和困难的。只有当你的客户意识到你是在为他服务，而不只要求从他的口袋里挣钱的时候，他才会真诚与你合作，实现购买动机。

做一个合格的导购

专家们在对客户购买行为的几种阻碍心理进行分析中，安全心理是被公认的较难以克服的一种阻碍心理。客户抱有安全心理对销售产生的阻力是反复的，如果销售员不能及时发现，很容易使销售最终陷入僵局。

安全心理是每个人都会有的，这是一种对安全感的需求。在销售过程中，客户即使在对销售员所销售的产品有一定了解的情况下，通常也不愿意马上作出购买决定。客户出于对安全感的需要，会考虑很多问题，如一次性投入大笔资金，产品的各方面性能及附加价值是否值得？这是不是一个正确的决定？等等。

因此，作为销售员要明白，客户往往因为考虑这些问题，才迟迟不愿意下单。此时，你要做一名合格的导购员，对他进行导购、释疑，让顾客感觉到你是在帮助他。

卡尔是收音机专柜的销售员。随着新传媒的发展，收音机逐渐淡出了市场，但卡尔作为收音机销售员，却坚持不离开这个岗位，事实上，他的经销额还一直很高。他是这样销售的：

“小姐，你好，请问有什么可以为你效劳的吗？”

“我想选一款收音机，能够收听外语节目。”

“哦，当然可以。”卡尔拿出一款给客户。

卡尔的这位客户看起来年龄不大，戴着眼镜，是个很斯文的女生。

客户摆弄着卡尔给她的收音机，不得要领。

“请问你买收音机是要做什么？”卡尔礼貌地问对方。

“嗯，我想学英语。我原来有一个可以存储的播放设备，但是我总是想不起来听，我不知道自己买个收音机会不会好一点。”

“哦，我也这么干过。用收音机来听英语节目，你要听的是不是也是VOA和BBC？”

“啊，是的，没惜，我要听的就是这些。”

“稍等。”卡尔又拿出一款较大的，“我想这款会很好。”

“为什么？”客户疑惑地问。

“因为它足够大，能提醒你要做什么。”卡尔开玩笑地说，客户也笑了。

“好了，开玩笑的，这款产品有一个录音功能，按钮在这，你可以录下你要听的英语节目，完全可以反复地听，还可以储存。”

“这么好？”

“嗯，没错，就是这么好。”卡尔接着故作神秘地说，“收音机和录音机一体，不仅提醒你要按时听节目，而且至少还要记得把节目记下来。”

“这倒是！”客户和卡尔一起笑起来。

最后客户很愉快地买了卡尔推荐的收音机。

任何人在进行新的尝试时，都不免会胆怯。满足客户的安全感需要，即是帮助客户迈出改变的关键一步。案例中的卡尔用自己的亲身经历为想要学英语的客户营造了一种和谐的氛围，让客户从一种迷惘的状态进入到对产品的了解当中。是卡尔让其知道自己需要的是什么。她需要的是一个可以鞭策自己学习的收音机，而非单纯的储存播放器，卡尔介绍的是具有录音复习功能的收音机。

这说明：

1. 人人都需要安全感

销售员在销售过程中遭遇客户的安全心理阻碍时，其实不妨将这看做是客户安全感需求的体现。了解了这一点之后，销售员可针对这一点先给予客户安全感，继而再引起他的购买欲，使其最终作出购买决定。安全感是一种重要需求，销售员应该重视这一点并采取实际行动，比如去了解客户为什么感到不安全，如果他害怕产品质量不如其他的好，销售员可以告诉客户质量比同类产品都好，并且会提供很好的售后服务，他完全不用为产品的质量担心。

2. 帮助客户走出安全心理的困惑

首先，安全心理带来的掣肘是无法使客户好好地进入对产品的了解当中的，将客户带出安全危机，实际也是掌控销售流程的表现；其次，解决客户的安全心理问题，也是销售员的职责之一，即为客户解决问题。销售员要想很好地进入产品介绍阶段，就要帮助客户消除安全心理带来的阴影。

3. 满足客户的安全欲望

安全心理带来的销售阻碍，其中症结是多种多样的，但说到解决方法，无外乎让客户有更大的满足感，客户自然会放弃原有的安全心理，而选择更大的满足。因此，如果安全心理是客户迟迟不能作出购买决定的理由，那么销售员就以最大限度地满足客户的安全欲望为第一要务。

不但能说更要会说

在销售活动中，顾客一般都喜欢听什么样的话呢？在刚相互接触时，顾客一般愿意听这些话：

1. 欢迎光临

“欢迎光临”有两层含义：一个是欢迎顾客进店的招呼语，一个是表示很乐意他们来。

2. 好的

“好的”是被顾客呼唤时的回应用语。像顾客对你说“我能看一下这个吗”，你应该立刻回答顾客“好的”之后，顺手把要看的东西递给顾客。

3. 请稍候

“请稍候”是在忙于别的顾客而对提问顾客的应对语。因为有了这句“请稍候”，即使让顾客等一会儿，顾客也不会觉得烦躁不安。如果想更显礼貌的话，不妨在这句话前后说出使其等候的理由。

4. 让你久等了

“让你久等了”是当找到顾客所希望的商品而拿给顾客看的时候，另外就是把顾客购买的东西用袋子装好交给顾客时的用语，这样可以缓解顾客的焦躁心情。

5. 很抱歉，对不起

这是对店里的商品刚好缺货或者还没进货等原因而造成顾客不方便的时候，向顾客表示歉意的接待用语，当然有时候为了加强语气改成“真对不起”。至于“对不起”这句话的道歉意味比“很抱歉”来得轻些，而且也可使用在顾客所有需求的场合里。前者的情况可以这样来使用：“对不起！在二楼。”至于后者的情况则可以说：“不好意思！请你等一会儿。”

当店员面对接待的顾客时，可以这么说：“是的，就请你稍待一会儿”，也可以这么说：“是的，好的”。一句简单的接待用语，一旦用来修饰重点词句，就能给对方带来好感。

在与顾客进行交谈时，售货员要使对方高兴则注意：

1. 不使用否定型，而用肯定型

待客是和我们平时说话有区别的，如我们常听见顾客问“有某某商品吗？”回答的时候我们要说“我们不卖某某商品”，这就是否定型的回答。这样的回答会让顾客有一种被拒绝的感觉，很容易出门离去。而肯定型的回答应该是“我们现在只有某某商品”，这样回答顾客不会觉得被拒绝，甚至会有这样的意思“那么，请让我看看某某商品吧”。

2. 不用命令型，而用请求型

如果我们说“请打电话给我”。这话听起来有尊重的味道，但仍是使用命令型的语调。如果说“能不能给我打个电话”，这就是请求型的语调，我们门店应该提倡和使用。

3. 让顾客自己来决定

像说“我想这个可能比较好”，然后让顾客自己说“我决定买这个了”。这种情形，容易让顾客有“自己选购”的满足感。如果给“这个比较好”下了断言，就会使顾客有压迫感。遇到这种情况我们不要断言，而应以暗示或建议为主。

4. 说话不要超出责任范围

当我们遇到顾客有错误等情况出现时，我们要以“是我确认不够”来回答，以“承担责任”的态度来说话，不要说出超出自己责任范围的活。

5. 多说赞美、感谢的话

在对待顾客时要多使用“您的审美眼光很高”等赞美语，或在顾客精心挑选时说“谢谢”等感谢话。如果知道对方的名字，直接亲切称呼其名，这是强调亲近效果的方法，会起到相当好的效果。

可见，所谓的不但能说还要会说，就是在实践中要依据当时的具体情况和情节，尽量用以上的文明礼貌用语巧应答。

要不厌其烦地回答顾客的提问

一些客户在面对销售员时，潜意识想的是：我决定着销售员能否赚钱，而且他们知道，他们买谁的货谁就赚钱，所以当他们不断提问时，他们希望能得到积极、热情的回答，如果你能满足客户的心理需求，就能赢得他们的好感，最后促成你们的合作。

然而，现在很多销售员都有这样一种倾向，他们认为，你不买自然有别人来买，不认顾客这个“上帝”，因此，他们对客户的提问不够耐心。例如，当客户接连不断地提问，又没有表示出想要合作的意向时，他们常常表现得很消极，有时甚至敷衍客户。销售员有这样的情绪，客户的心情自然也会受到影响，你不合作，他不合作，那么，你的货还卖得出去吗？

李红在繁华的市区开了一家服装店，她花了很大一笔资金，把店面装饰得非常漂亮，并且购进了当季最流行的服装款式，因此在新店开张时，吸引了不少客户。但是渐渐地，她的生意越来越冷清，光顾的人越来越少。究其原因就是她对待顾客不够热情和耐心。

一次，一个女孩走进店内，开始的时候，李红还算热情。但是女孩总是不停地发问，还常常对某件衣服进行挑剔。这让李红很生气，后来当女孩再提问时，李红只是简单地招呼一声，便自己忙去了。

女孩逛了一圈，看上了一条漂亮的连衣裙，便问：“老板，这条裙子多少钱？”

李红冷冷地回答说：“标签上有价格，自己看。”

女孩又问：“我可以试一下吗？”

李红不耐烦地说：“我设的试衣镜是干嘛的呀？”

女孩看到了李红消极的情绪，很不高兴，但是自己又确实很喜欢那条裙子，耐着性子试了试，之后问李红："老板，帮忙参谋一下，我穿这条裙子好看吗？"

李红快速地看了一眼说："还可以。"

"裙子是真丝的吗？"

"那还有假？我开的又不是黑店。"

"我觉得它的手感不是特别好，怎么回事？"

李红非常生气地说："你是来买裙子的还是来找茬儿的？"

这样一说，女孩也生气了，放下裙子对李红说："这就是你对待客户的方式？我告诉你，你店内的客户基本上都是我的好朋友，我保证她们以后都不会再来了，当然也包括她们的朋友，甚至朋友的朋友。"

像这样的事情不止发生过一次，每次当客户不断提问时，李红总是很不耐烦的样子。这就是李红生意冷清的根源。她对客户不够耐心，不仅导致客户的流失，也影响了服装店的声誉，因此光顾的人越来越少。

同样规模的另一家服装店的生意却越来越好。

这家店的店主叫晓航，她的店内没有华丽的装潢，但是每天光顾的人却络绎不绝，原因就在于她非常耐心、热情，脸上总是带着迷人的微笑。

一次，一位母亲带着女儿来逛街，走进了晓航的服装店。这位母亲为女孩挑了几件衣服，女孩一一试过，母亲摇摇头总觉得不满意，晓航看着女孩的体型，帮着推荐了几款流行的连衣裙。母亲把衣服的布料、设计的理念等问了一遍之后，便让女儿去试衣服，女儿试完之后，母亲仍然觉得不满意。晓航则不厌其烦地为她一件件地介绍。而这位母亲则不停地发问，晓航积极应答，没有表现出任何消极情绪。整个购买过程超过了两个小时，但是晓航丝毫没有表现出不满，自始至终都微笑应对。最后，母亲帮女儿选中了三套衣服，高高兴兴地离开了。

其实不仅对这对母女如此，对每一个走进店内的客户，晓航都热情、积极地迎接，虽然客户最终没有购买衣服，但是却对晓航产生了良好的印象，因此客户们经常会向自己的朋友或家人推荐晓航的服装店，所以晓航店内的生意一直很好。

通过两个事例，我们可以看出，面对客户的提问，两种不同的回答态度，对店内的生意产生了两种截然不同的影响：消极应对，门可罗雀；积极应对，门庭若市。

作为一名销售员，客户和你的销售业绩直接挂钩，所以一定不要得罪客户，当客户提问时，一定要有足够的耐心，积极回答他们的提问，帮助他们挑选，这样才有可能争取他们的信认和合作。即使没有谈成生意，也会给客户留下好印象，为下一次合作制造机会。

帮助顾客把钱花在刀刃上

资历深一些的推销员都知道，客户的层次是不同的，把货卖给低收入的客户是有难度的，他们花钱很谨慎，不会轻易掏腰包，面对这类客户，和他们谈论价格时，首先要让他们觉得钱花得物有所值他们才会接受。

一般来说，这类客户比较节俭，他们属较为保守的一类。他们可能经历过较为贫穷的生活，深知钱赚的不易，所以即使后来生活条件改善了，也很难改变原有的习惯。他们视节俭为美德，对不节俭的人的许多习惯反倒看不惯。面对这类客户，一定要先站在对方的立场上，告诉对方产品的价值所在，并帮助对方分析以你给出的价格购买这样的产品物有所值，他会听你的。

曲风是一家装修公司的老板，在经营中，他一直秉承的销售理念是让客户把钱花在刀刃上。

一天，一位客户想让他帮忙参谋如何装修、选材。曲风直言不讳：“对于家庭装修来说，主材要买好的，不能省钱；厨房、厕所里的用具也要买好的，浴室里的东西不能买便宜的；做防水的材料尤其要买好的，因为防水材料不过关，就算其他做得再好，也保证不了不出现问题，而且，一旦出现漏水现象，想要解决也比较难，比当初做防水花的钱还要多。因此，在进购建材时，我都要亲自把关，价格贵一些没关系，但是必须要保证质量。这方面您可以放心。”

客户有点不相信。曲风接着说：“电也是一样。电线和附材要买好的，一旦出了问题，不但更换很麻烦，还可能很危险。因此，水电材料最关键，这些地方不能图省钱留后患。”

这位客户解释说：“可我想把房间装饰得好一点，我想使用最好的材料。”

曲风告诉他说：“我倒觉得这方面可以省一点儿，毕竟房间的墙面、窗帘、家具等，过几年你不喜欢了可以换新的，这很容易。但是，厕所、厨房里的东西都比较贵，坏了再买，那可不是花小钱的事，而且要重新安装，很麻烦的。”

客户听了曲风的建议，非常开心，因为他们的日子过得非常节俭，找了几家公司，都胡乱给他们设计，客户觉得不实在，他是抱着试试看的态度来找曲风的。没想到真找对人了，曲风帮了他这么大的忙！所以当曲风报出房子装修的价格时，客户立即同意了。

一般情况下，客户装修房子都是要价格便宜又质量好的，这样的心情是可以理解的，但是价格太低是做不好的。其实，最好的办法是该花的地方要花，不该花的地方可以少花。这样不仅可以保证质量，也可以节省一笔费用，把钱花在刀刃上。而事例中的曲风所说的每一句话都是在为客户着想，帮助客户省钱，把客户的钱用在最关键的地方，这就打动了客户，因此客户便把装修工程包给了曲风。

由此可见，为客户省钱，才能为自己挣钱。想要成为出色的销售员，就不妨多替客户着想，让客户感觉他们的钱的确花在刀刃上了，他们才会心甘情愿地购买你的产品。

帮助顾客分析买得合适不合适

当销售人员推销产品时，如果质量没有问题，那么，影响顾客购买的原因多半是价格问题。遇到客户嫌产品太贵的情况时，一定要耐下心来给客户一个合理的解释，告诉客户正是由于这些与众不同的优点促使了高的价位，你可以做这样一个比较：花 5 元钱买一个灯泡，用了一年就坏掉了，比花 8 元钱买三年都不坏的灯泡，哪个更划算呢？这样，就打消了客户对产品价格方面存在的异议。

作为一个销售员应该知道，质量好的产品成本要比那些质量差的产品高，在售价方面自然也就相对要高许多。但是，大部分的客户并不认同这个观点，认为这只是商家为了提高价格赚取更多的利润而找的一种借口。所以，他们通常会质问销售人员："为什么这么贵？""为什么你们的产品就要比别人贵这么多？"面对这种情况，销售人员一定要把握好分寸，运用一定的技巧来化解。比如：

有一位客户走进了一家家用电器销售店。

售货员打招呼问道："你好，先生！我们这里有你需要的电器吗？"

客户表示想买一台品牌的电风扇。

售货员将所有的这一品牌的电风扇介绍给客户。看了之后客户表示："看起来都不错，但就是价格有点偏高！"

销售人员解释说："你说的一点没错，刚开始的时候我也和你的想法一样。但是经过这么长时间的经营和销售，我这个品牌的风扇质量相当靠谱，出现质量问题的概率非常小。如果你买一台便宜点的电扇，质量得不到保证，以后光维修费就可能是比较大的数额！所以综合比较起来，我认为这种电风扇的价格还是比较合理的。你觉得呢？”

最后，顾客认同了，买卖也很快成交了。

上面的销售员在客户提出关于价格方面的异议时，先对客户的想法表示赞同，使客户感受到了来自销售员的理解和尊重，然后再亮出自己的观点，为说服客户做好了相关的准备工作。当客户得知产品的价格高是由于质量好的原因之后，也就没有异议和疑虑了。

当然，在销售过程中帮助顾客释疑是有多种方法的，比如：一位销售员通过下面的方式来推销他的化妆用品：

“你好，欢迎光临，现在我们店里正在搞促销活动，这款化妆品是买一赠一的，你可以先过来看一看，这款 200 毫升 45 元，还赠送你一瓶 100 毫升的补水面膜。”

顾客说：“可是，据我所知，××公司也在进行促销，不仅量要比你们的多，而且价格也要实惠很多。你们的产品凭什么比人家的贵呢？”

这时任凭销售员怎样强调质量要比他们的好很多也无济于事了。

本来这位销售员已经成功唤起了客户对产品的兴趣，可是却因为缺乏合理的解释，最终失掉了这位潜在的客户。如果销售人员能够换一种解释方式，可能客户就会非常乐意地接受产品了。

比如，这样说：“的确，他们的产品价格是比我们的便宜一些，但是如果就产品的特点来考虑，我们的产品更适合你的肤质。像你的这种皮肤，每天只需要一点，就可以完成对皮肤的保养，方便、简单。而且，我们还赠送你一个补水面膜，在每天睡觉之前使用，对于你的皮肤保湿更加有效。还有，一般情况下我们的产品可以使用两年，一共才 45 元，既经济又实惠。”

那么，这位顾客就可能被你的介绍所打动。

先向客户展示产品的好处，然后再提及价格，让客户亲口承认自己的产品价格确实是不贵的，这样一来，客户便会乐意购买产品了。

在销售中，不管是考虑产品的质量，还是考虑产品的价格，客户最关心的一个问题，永远都是自己的利益。当你进行产品报价时，不管你提出的价格是否真正合情合理，客户总是会说一句话："你的产品太贵了，能不能再优惠点。"当你遇到这种情况的时候，应该如何巧妙地为他讲解产品并不贵的理由呢？

遇到这种情况，销售人员一定不能直接否定客户，回绝或者指责客户，这样的做法无疑是把客户拒之门外。客户说出这样的话自有他的道理。如果销售人员能够站在客户的立场上进行换位思考，考虑他的所想并认同他的感受，那么就会很快赢得客户的好感，随后再把产品价格贵的原因告诉他。"一分价钱一分货"的道理，客户其实是非常明白的。这样一来，客户就会很乐意地接受这个高价位了。

如遇到总是觉得"你的产品太贵了"的客户时，也可以考虑这样回答：

"价格有点贵不假，不仅很多客户是这样认为的，甚至连我自己都觉得有点贵了，但是，根据我们的客户回馈记录来看，很多客户在使用了我们的产品之后都反馈我们的这种产品不仅质量好、效果也不错、经久耐用，而且服务也是相当到位，从整体上来看，其实不仅仅是为你们增加了利润，还节省了一些不必要的维修费。对于这样的产品，相信每一个购买的人都会满意的。"

当客户对销售员的报价产生一种强烈的不满情绪时，销售人员首先要稳定住客户的情绪，通过采用一些合适的方法，让客户自己说出他心里面认为的最满意的价格。再把这两种价格进行比较，找出差额，然后主要在差额上动动脑筋，只有这样，才能够比较轻松地攻破客户心中的价格壁垒。比如：

一位顾客向销售员抱怨："你们产品的价格实在是太高了，甚至是离谱。"

销售员问："那你能接受的价格是多少？"

"不超过1万元。"

对此，销售员做了这样的解答："你的价格和我们的价格相差了整整2000千元。这也从一个侧面说明了你已经对我们的产品进行了充分地了解，而且出于信任才选择了我们的产品。当然，你也一定知道这款机器制作面食的效率是一般机器的 2 ~ 3 倍，只需要短短几个月的时间就能够帮助你把机器的差价挣回来。我想，对于这种能够创造高利润的机器，你一定不会放弃的吧。”

如果销售员能这样解说，相信客户一定不会再和你计较价格了。

请记住，作为一名销售人员，真诚的劝说，要比那些虚假、漂亮的言辞更能获得客户的心。只有合理地劝服客户，让客户对产品完全放心，客户才会购买你的产品。

站在客户角度，而非死缠烂打

很多销售人员在向客户推销产品时都会犯“死缠烂打”的错误，他们不研究客户为什么要购买自己的产品，只想把产品卖出去，自己拿到提成，就万事大吉了。于是他们把嘴巴当成喇叭，对客户进行“广告轰炸”。殊不知，这种低级的推销手段早已过时，已经令人厌烦了。

在超市和卖场中，人们经常会遇到推销员向顾客推销产品的场景：

“这位小姐，我们公司现在正在进行促销活动，如果你买了我们的化妆品，就可以享受一些优惠政策，比如免费旅游。”

“不好意思，我对于这些优惠没有兴趣。我从来不买国产品牌化妆品，哪怕优惠再多，价格再低，都不会考虑的。我看重的是品牌和质量。”

“这个你不用担心，我们公司有专业的咨询师，他们会针对你的具体情况给你提供需要的产品。”

“这种产品对我没有意义。”

“我可以向你保证产品的质量绝对是一流的。而且还能免费旅游，机不可失，时不再来……”

“对不起，我还有事。”客户头也不回地离开了。

这位销售人员的错误在于：根本不观察和研究顾客在想什么，而是自以为是，喋喋不休，对于产品的介绍是“死”的，跟背台词似的，完全不考虑客户的感受和反应，最终引起顾客的反感，这是一种典型的推销错误。

优秀的销售人员要理解客户关注的并不是所购产品本身，而是通过购买产品能获得的利益或功效。成功的销售人员普遍具有一种很重要的品质，即积极主动地为客户着想。站在对方立场去思考问题，才能了解客户的需求，才会知道客户需要什么，不需要什么。这样就比较容易抓住推销的重点。

优秀的销售人员之所以业绩出色，是因为他们的价值观念、行为模式比一般人更积极。他们绝不会对客户死缠烂打，不厌其烦地介绍自己的产品，而是“以诚相待，以心换心”。这样才能吸引住顾客，让他觉得你是诚心卖，他是诚心买。而且，你是在帮助他买到他真正满意的东西。

要保证让客户能得到切实利益

推销员在向用户推销产品的过程，也是买卖双方进行判断和认同的过程，如果不能实现买卖双方的共赢，那么成交就很难实现。只有双方都得到了应有利益的满足，交易才能实现。因为你的客户与你同样精明，如果你只是把自己的利益放在眼前，置对方于不顾，那么，你往往以失败告终。只有让对方获利了，自己才会赚钱，这是买卖的既定法则。

小宋是一家电子配件公司的销售员。一天，他如约拜访了一位客户，与其洽谈购买事宜。客户表示：“我和你们公司还是第一次接触，不知道你们的产品质量如何？”

小宋向对方保证：“无论从产品质量上还是客户服务上，我们都是一流的，而且有许多大公司成为我们的忠实客户，这些都是有证可查的。对于产品质量方面，你大可放心。”

客户提出："虽然你保证产品质量是一流的，可你们的产品价格比其他同类产品高，这是为什么？”

小宋说："这种产品的价格在市场上长期以来一直居高不下，与其他公司相比，我们公司的价格实际上已经很低了。造成产品高价的主要原因是它的造价本身就高出其他产品，我们最起码要保证收回成本，所以……”

“如果这样的话，那么我们就觉得不太划算了，毕竟我们公司……”说到此，实际客户已经是在拒绝了。

不少销售员在谈判时都会犯这样的毛病，过于关注自己的销售目标，却忽略了对客户实际需求的考虑。任何一位客户都是在自身需求得到满足后才会考虑成交的，如果销售员无法做到这一点，想要实现成交几乎不可能。针对以上情景，销售员可以这样来做：

客户："我和你们公司还是第一次接触，不知道你们的产品质量如何？”

销售员："之所以能在众多的竞争对手之中站住脚，就是靠的我们公司一贯坚持高质量的客户服务，并提供优质的产品，这些方面与我们有过合作的许多大客户都可以证明。事实上，正是因为长期坚持采用我们公司的产品，很多合作伙伴才能创造令业界瞩目的高效能业绩。相信以贵公司的实力和影响力，如果与公司合作，可以令工作效率大大提高，而且也有利于贵公司的品牌延伸……”

客户："你们的产品价格怎么比其他同类产品要高出一截？这是为什么？”

销售员："这种产品的价格确实要高于其他产品，这是因为它具有更卓越的性能，它能够为你创造更大的效益，与今后你获得的巨大利润相比……”

客户："你说的也有道理……”

实现双赢的前提在于买卖双方利益的互相满足。因为客户是你的长期“合伙人”，要多考虑客户的感受，在保证利润的基础上尽量满足客户的需求，你不能让他有吃亏的感觉。

那么，在谈判过程中，销售员如何才能与客户建立一种合作共赢、长期合作的友好关系呢？

1. 让客户知道购买产品为其带来的利益

销售是一个利益博弈的过程，交易的双方是受利益驱使的。想要实现销售成功，销售员就要通过与客户沟通达成双赢。产品是实现利益的立足点，销售员要让客户知道购买产品可以为其带来什么样的利益，这样才能吸引客户对产品的关注。

例如，当客户对是否购买产品感到犹豫不决时，销售员可以向客户表明：我们的产品可以为你创造更大的效益，如果你能购买我们的产品，就能获得巨大的利润。客户感受到了利益的存在，购买欲望就会进一步加强。这样一来，双赢就能得到进一步实现。

需要注意的是，在向客户表示其可从购买中获得利益时，销售员一定要态度诚恳、实事求是，并富有激情，使语言具有说服力和感染力，以提高客户对产品的信任度。

2. 让客户知道双方合作的好处

在与客户谈判的过程中，销售员应尽可能地向客户表明希望与其长期合作。无论对客户还是销售员本身来讲，这都有一定的好处。因为销售员开发一个新客户往往比接待老客户费时费力得多，而对于客户来说，对产品足够了解与掌握也会为他们节省很多精力和时间。

3. 介绍产品时要从客户需求出发

在谈判过程中，当客户自我需求得到满足之后，往往会主动做出成交决定。所以，销售员在向客户销售产品时，要尽可能地从客户的实际需求出发，弄清楚他们需要什么或者在哪些方面面临难题，并采取适当的方法予以解决。

例如，在向客户介绍产品时，销售员可以说：“贵公司对产品质量要求很高，而我们的产品也以优异的品质赢得了很多大型合作伙伴，相信我们合作会非常满意，也会非常愉快的。”

这样让客户从谈判中得知，这场交易不但满足了他预想的起码要求，还能为自己赢得其他好处。那么，他们大多会表现得更加积极，以一种“实现成交可以使我得到某些益处”的态度与销售员进行谈判，从而提出成交。如果客户提出了一些额外的小要求，你可以在确保自身和产品不受侵害的前提下尽量去做，尽可能地满足客户需求，而此时你基本上也可以得到自己想要的。

让客户听起来觉得你是在为他着想

如果你是一位销售员，你可能正在为找不到客户而发愁。那么从现在开始不用着急，只要你有真正为客户而着想的思想，在接下来的两个月内你所认识的客户，就会不断地增加。

会说话的销售员，常常都是最善于说对方感兴趣话题的人；最会办事的销售员，也常常是那些做了让客户感激或感动的事的人。

哲斯顿被公认为是世界级的魔术师，在他活跃的那个年代，他精彩的表演能让超过6000万的观众买票进场。他成功的秘诀是什么？很简单，就是从观众的角度出发，多为观众着想，懂得表现人性。哲斯顿对每个观众都表现得真诚而且感兴趣。他说：“许多魔术师在看到观众时会对自己说：‘坐在台下的都是一群傻子和笨蛋，我能将他们骗得团团转。’”而哲斯顿却不这样想，他每次上台前都会对自己说：“我得赶紧，因为这些人来看我的表演，是我的衣食父母，是他们让我过上舒服的日子，因此，我要将最高明的手法表演给他们看。”

说服客户也一样。如果你想让自己说出的话具有价值，能引起客户共鸣，那么你就要记住一条黄金法则：你想要客户如何对待你，你首先就要如何对待客户。只有从关怀客户的角度出发，多为客户着想，才能赢得客户的信任和认可。

推销员科罗德尔打电话给他的老客户：

“你好，杰克先生，现在我要让你发一笔财，这是其他人不可能给你的。”

“究竟是一种什么生意？”客户不解地问。

“我可以为你供应一货车石油。”

“我不需要。”“为什么？”

“因为我没有地方放啊！”

“杰克先生，如果我是你的兄弟，我会迫不及待地告诉你一句话。”

“什么话？”

“货源紧缺，很快你将无法买到所需要的油料，而且价钱也要涨，我建议你现在买下这些石油。”

“我现在用不上，而且我也真的没地方放。”

“为什么不现在租一个仓库呢？”

“还是算了吧，谢谢你的好意。”

不一会儿，当科罗德回到办公室时，看到办公桌上放着一张留言条，上边写道：“杰克先生让你回电话。”科罗德拨通了杰克的电话，杰克在电话那头说：“我已经租好了一个仓库，能存放石油，请你将石油送过来吧！”

如果销售员能够为客户提供有价值的信息时，客户就不会不为你的生意着想。如果你不仅仅是一个销售员，还是对方的顾问，他们获得了由你提供的可靠消息后，你的生意肯定不会从此就不再有下文了。无论任何时候，要获得对方的认同，就先要为对方着想，关心对方的利益，如此你们才能成为最佳的合作伙伴，获得利润上的双赢。

说服客户是一个传递信息的过程，所以要提高自己的说话水平，增添自己的说话魅力，并不完全在于说话者本人能否准确、流畅地表达自己的思想，还在于你所表达的思想、信息能否为听众所接受并产生共鸣。也就是说，要将话说好，关键还在于如何拨动客户的心弦。

在销售面谈过程中，有些销售员长篇大论甚至慷慨激昂，可就是难以提起客户的精神；而有些销售员寥寥数语，却掷地有声，产生魔力。这是为何呢？很简单，因为后者能了解客户的内心需要，能设身处地地站在客户的立场，为他着想。因此他们的话总是充满真诚，也更容易打动客户。

站在客户的立场，处处为客户着想，首先就要假设自己是客户，这样就能站在客户的立场去看待问题。公正地为客户着想，首先要对自己的产品有信心，而且知道面前的这个客户是不是需要购买产品。不要向一个不抽烟的人销售烟灰缸，因为他不需要这个。

站在客户的立场上，就比较容易抓住销售的重点。事实上，大多数销售员对客户所持的态度，与我们所要求的设身处地地为客户着想相比，还有很长一段距离。他们最典型的态度往往是："客户为什么要购买那些产品或服务，我对此一点也不感兴趣。重要的是顾客买了产品或服务，而我拿到了钱。"如此的心态，能够培养忠实购买你的产品的回头客吗？显然不能！要想取得客户的信任，关键是要让客户感受到你为他服务，是处处在为他着想，是在帮助他解决问题。在与客户交往的过程中，要特别注意的就是设身处地为客户着想，在为客户提出任何意见和建议时，都要告诉客户这样做对他的好处。

一家公司想做一个10平方米的大屏幕，找到一家电器公司为他们定做。销售员经过具体测量后，告诉他们做10平方米不太好，只能做8平方米，否则视觉效果会不好。别人说这个销售员很傻，客户想做大一些还不好？大一点赚钱多。可这个销售员却是这样想的：如果我不告诉他们有些不合适的原因，而是按照他们的要求做10平方米的，安装完毕后如果他们觉得不对，我一句话就可以推脱责任："我们是按你们的要求做的啊。"即使他们嘴上不说，心里也全觉得是我坑了他们，因为我是专业人士，应该站在他们的立场上，提出中肯的建议。

为客户着想，还要在客户利益的基础上，为客户考虑。不能为了自己的利益给客户带来任何困扰。要让你的客户每多花 1 分钱，都能获得多 1 分钱的价值。

沃尔玛公司是世界上最大的商业零售企业，当沃尔玛公司已经拥有 500 多亿美元的资产时，老板萨姆·沃尔顿率领的采购队伍仍然非常节俭，有时 8 个人住一个房间。对此，有人问萨姆："这么大的公司为什么还要这么精打细算？"萨姆回答说："答案很简单，我们有义务为顾客着想，我们珍视每 1 美元的价值。我们的存在是为顾客提供价值，这意味着除了提供优质的服务之外，我们还必须为他们节省钱。如果沃尔玛公司愚蠢地浪费掉 1 美元，那都是出自我们顾客的钱包。每当我们为顾客节约了 1 美元，那就使我们自己在竞争中领先了一步——这就是我们永远打算做的。"为顾客节约 1 美元，在销售定价上就低了 1 美元，在竞争中就领先了一步。

站在客户的立场，设身处地为客户着想，客户没想到的，我们为他想到、做到。客户认为我们做不到的，我们却为他做到了。客户认为已经很好了，我们要更好。

设身处地地为客户着想，是始终以客户为中心的前提，作为一名销售员，能经常换位思考是非常重要的，设身处地地为客户着想就意味着你能站在客户的角度去思考问题、理解客户的观点、知道客户最需要的和最不想要的是什么，只有这样，才能成功地拿到订单。

第六章

说让顾客感到受尊重的话

——当上帝的感觉人人都会很舒服

就社会而论，推销就是整个社会经济活动的原动力，可见推销员的责任重大，身份也不低贱，但在和顾客进行接洽的时候做为推售员主动放低一点姿态，对对方表现出适当的恭维和赞美，对方的心理会很受用，当然，对你也就不会置之不理。

满足客户当上帝的愿望

在销售当中，推销员是通过完成对顾客的销售产品来实现利润的，从某一角度讲是客户为你创造了利润，因此，推销员把顾客尊为上帝，并不为过。

从心理学的角度来讲，人们做任何事都是为了满足其各种各样的心理需求，当心理需求得不到满足的时候，其内心就会处于“饥渴”状态，迫切地希望能够通过各种途径弥补。

同样，人们在购物时也希望得到心理需求的满足。这种满足就是渴望被人重视，这是一种很普遍的、人人都有的心理需求，作为消费者的客户也不例外。这种心理需求正好给推销员推销自己的商品带来了一个很好的突破口。渴望获得重视的心理包含两个方面：一方面是希望得到别人的认可和赞美，使自己获得优越感；另一方面是不愿意被人轻视，从而使自己显得与众不同，以吸引别人注意。

对于销售人员来讲，可以说是客户创造了市场，因为一个企业的产品只有迎合了客户的需求，才能符合市场的需求，从这个道理上讲，客户就是你的上帝。销售人员可以利用客户这一心理，巧妙地促使客户购买自己的产品。

某公司的业务员白石和刘成都曾向马经理推销同一种产品，白石去时先向马经理滔滔不绝地介绍产品多么多么的好、如何如何地适合他，他不购买就是个错误。这样的话不仅没有引起马经理的兴趣，反而是等白石说完就让他走人了。

等到刘成又来的时候，马经理听说他们推销的是同一种产品，本来不愿意见他，但是他又想听听刘成是怎样的一种说辞，于是就请刘成来到他的办公室。刘成进来后就没有直接介绍自己的产品，而是很有礼貌地先说抱歉、打扰，然后又感谢马经理百忙之中会见自己，而对自己产品却只是简单地介绍了一下。可是马经理始终都是一副很冷淡的样子，刘成觉得这笔生意已经很难做成，虽然心里多少有些失落，但他还是很诚恳地对马经理说："谢谢马经理，虽然我知道我们的产品是绝对适合你的，可惜我能力太差，无法说服你。我想我应该告辞了。不过，在告辞之前，想听听马经理想要什么样的产品，我可以帮助打听一下。"

这时，马经理的态度突然变得很友好，很和善。他站起来拍拍刘成的肩膀笑着说："你不要急着走，哈哈，我已经决定要买你的产品了。"

为什么白石前来推销会被轰出去，而刘成却能够成交，这就是一个满足客户心理需求的问题。白石只是滔滔不绝地介绍自己的产品，而忽略了对客户起码的尊重和感谢，而刘成却始终对马经理很恭敬很有礼貌，特别是自己最后临走时，还请求客户的指教，这让马经理感受到了足够的重视，从而从情感上对刘成也表示了认同，自然也就促成了这笔交易。

因此，作为一名合格的销售人员，你要明白一点，那就是在你的推销活动中，所有的客户都是上帝。你要想客户消费，你就要首先想办法让他在你这里得到心理上的满足。因此，想要伺候好你的上帝，就要先明白上帝的想法——不仅你认为客户是上帝，而且客户自己也会这么认为。

与渴望得到重视相对的，是害怕被人轻视。销售人员通过反面刺激，也会达到欲扬先抑的效果。所以销售人员要学会适时地、适度地说一些反面的话来刺激客户的自尊心，引发他的自重感，这样他可能会一狠心买下更贵的产品，以显示自己是不容小视的。

聪明的销售人员在面对这样的客户时，往往会故意先给他推荐档次较低的商品，"先生，这款产品是最便宜的一款，很实惠"，结果客户渴望被重视的心理需求没有得到满足，他反而会购买中高档的款式，以得到销售人员的重视。这时候销售人员再加上几句"你真有眼光"，"这款最合适你不过了"等赞美的话，客户会更加高兴地付钱，而且可能下回还来买你的商品。

有时客户对要买的产品会提出各种很挑剔的问题，但这并不是不想要你的产品，而是为了满足自己是上帝的想法。你必须要对你推销的产品有一个非常清醒的认识，要知道产品没有十全十美的，所以客户总能够挑出毛病的。他们存在的一种心理就是以自我为中心，在他们看来你应该满足他们的一切要求。如果客户的要求合情合理，你当然应该照做，但如果对方的要求有不合理之处，你也不能拒绝或态度冷淡，此时，你不妨试试改变一下方法：比如，认真听完客户的要求再回答问题。当客户提出问题时，你必须认真地听他说，哪怕客户说到一半的时候你就知道不可能按照他的意思做，你也得用心听完。

事实上，很多销售人员总是一味地关心自己的产品是否能卖出去，一味夸赞自己的产品多么新潮、多么优质，从而完成销售和利益提成而不考虑是不是适合客户、客户喜不喜欢、是否得到实惠。这样给客户的感觉就是你只关注自己的产品，只注重自己能赚多少钱，而没有给他以足够的关心和重视。客户的心理需求没有得到满足，于是会毫不犹豫地拒绝你的推销。

曾经有一位推销专家说过："推销是一种压抑自己的意愿去满足他人欲望的工作。毕竟销售人员不是卖自己喜欢卖的产品，而是卖客户喜欢买的产品，销售人员是在为客户服务，并从中收获利益。"因此在推销活动中，最重要的不是销售人员自己而是客户。"客户至上"，才是销售人员应该遵循的根本原则。能否站在客户的立场上，为客户着想，才是决定销售能否成功的重要因素。比如：

有甲、乙两个销售人员曾先后到同一个客户那里推销商品，甲到了客户的家里，先是滔滔不绝地介绍自己产品的质量多么的好，多么的畅销，如果不购买的话会多么的可惜，结果客户毫不客气地打断了甲的介绍，说："不好意思，先生，我们要听的是你的产品是不是我们所需要的，购买了对我们有什么益处，我们不愿意听广告。"甲只好很尴尬地说抱歉，然后离开。

而乙到客户家里与甲的说法不同，他到了客户的家里，边和客户闲聊边观察客户的家具布置，揣测客户生活档次和消费品位，并和客户家的小孩玩得很好，似乎小孩已经喜欢上了这位叔叔。同时乙在向客户介绍自己的产品时，先询问的是客户需要什么样的款式和档次，并仔细地为客户分析产品能够给客户带来多少潜在的利益。比如会给客户省下多少开销。最后乙并没有把自己的产品卖给客户，而是说公司最近会推出一款新机型，特别适合客户的要求，希望客户能够等一等，自己过段时间再来。

乙的一番言语让客户听了很受用，因为销售人员乙切实地从客户的立场出发，为客户考虑了很多，表现出对客户的真诚的关心，使客户得到了真正的实惠，赢得了他们的信任。

当乙再次来到客户家中的时候，受到了客户的热情接待，并且很爽快地购买了他的新产品。之后，销售人员乙和客户建立了长久的销售关系，客户从他这里买走了很多产品。

上面的例子让我们知道，客户需要得到的是适合自己的、能给自己带来实惠的产品和服务。销售人员真诚地为客户考虑了，让客户感受到了实惠，客户才会和你达成交易，甚至和你建立长期的伙伴关系，实现彼此的“双赢”。

因此，让客户满意的根本，是让客户感觉到销售人员是在为客户谋利益，而不是只顾自己获利，这样才能赢得客户的购买。

要维护客户的尊严

处处爱面子是中国人的一个特点，而且，面子在调解人与人之间的各种关系中也作用明显，面子给的足不足往往是人际和谐与否的重要条件。面子说白了就是尊严。在销售过程中，维护客户的尊严，给对方面子，就是维护自己的利益。千万别伤害客户的尊严，尊严是非常脆弱的，经不起任何的伤害。

香港商人李嘉诚的成功不仅仅在于拥有富可敌国的财富，更在于他对别人的尊重。

经商赚钱只是一个结果，背后隐藏的是如何做人做事的学问。金钱不是万能的，做生意的过程中，与别人打交道，只有丢掉对金钱的迷信，从尊重、信任出发建立关系、发展业务才能取得成功。正是李嘉诚诚恳待人、不摆臭架子的作风为其赢得了好人缘。

李嘉诚曾说："不为五斗米折腰的人，在哪里都有，千万别伤害了别人的尊严，尊严是非常脆弱的，经不起任何的伤害。”

在李嘉诚看来，对待部属的关心应该多于物质的刺激，在物质激励的基础上，用尊重、信任和关系赢得合作。而对待商业伙伴，也要超越资本实力的大小，用一颗平等的心来面对。这样一来，才能让人服气，所到之处游刃有余。

李嘉诚的从商经验是，重视人的尊严，坚持最起码的人际沟通原则，不仅让对方获得更多利益，更要注意在心理上让对方获得被尊重的满足感。对生意人来说，如果有骄傲自大心，那么就应该及时主动调整自己的不良心态，增强自己对人性的洞察力。

做生意离不开和人打交道，学会做人，学会照顾到客户的心理、尊严，才能处理好各种关系、赢得订单，才能创造更大的效益，否则就是“自断生路”。

为此，他总结出了几点做生意上的窍门：

1. 尊严与财富地位无关

一个人不管地位高低，财富多寡，爱面子的心理是一样的。因此，在销售中，要平等地对待每一个顾客，不能以貌取人，更不能“势利眼”。每一个客户都是我们的上帝，对待上帝一定要用心服务、细心维护。更何况现如今“势利眼”也常常会看走眼，我们经常看到一些公司的大老板的生活是相当朴素的。所以说，给每个客户留面子，才是销售的生财之道。

2. 主动给足客户面子

虽然客户不会主动要求你给他面子，但是每个人都希望被尊重，被看中。在销售中，如果能学会主动做足客户面子，可以帮助你建立良好的人际关系，对你以后的工作来说也是大有裨益，这是一件雪中送炭的智慧。譬如：适度地吹捧客户；及时化解客户的尴尬；主动祝贺客户高兴的事等。

推销商品是为了赚钱，但是若只看到“钱”，而忽视了人的尊严，那么这样的销售人员就不算高明。和气才能生财，路通才能财源广进。如果你不给客户留面子，客户也不会顾及你的情面。维护好客户的尊严，才能与其处理好关系，最终做成生意。

每个顾客都想受到贵宾礼遇

在许多场合下，有些消费者心理希望享有VIP待遇是较为普遍的。

VIP是“要人、贵宾”的意思。这是一些商家因为竞争激烈而想出的经营手段。凡是成为某个商家VIP会员的人，就可以享受到一些特有的优惠或者折扣，VIP会员还有消费返利、联谊活动、免费停车等特殊待遇。不仅如此，有时人们办一张VIP会员卡为的不是得到更多的实惠，而是一旦成为哪个商家的VIP会员，会觉得自己特别有面子，可以说VIP已经成为一种身份和地位的象征。

所以，销售员要抓住客户享受VIP待遇的消费心理，让客户获得心理满足，更愿意和你做生意，购买你的产品或服务。

王先生经常去一家高级餐馆消费，于是，餐馆的经理向王先生推荐了VIP会员卡的项目。王先生考虑了一下，觉得比较划算，就马上办理了一张会员卡。

一次，王先生请几个客户在那家餐馆吃饭，吃完后王先生去前台结账，他出示了自己的会员卡，服务员接过来一看，是经理签字的会员卡，立刻满面笑容，不仅酒水按七折算，海鲜也打了八折，这让他省了不少钱，而且后来经理还亲自送来一盘水果布丁，说是算自己请客，希望他们下次光临。这让王先生觉得自己在客户面前很有面子。

人人都有虚荣心，有人说，你有VIP卡，就说明你有消费能力，你是贵宾。谁不想成为贵宾呢？现在越来越多的商家为客户办理VIP卡，用打折、积分和优惠等活动吸引客户消费，同时给予客户实惠。VIP卡的形式已经从大商场扩展到各种各样的小商户，其种类也是各式各样。据调查，23%持有VIP卡的人在办理的时候都是为了满足虚荣心，26%的人是因为商家推销而办理的，还有15%的人是抱着“别人有，我不能没有”的心态办理

VIP卡的。这个调查说明，你的多数客户都有虚荣心，都想让对方把自己当做要人、贵宾看待，而推销成功与否，要看你怎样应对客户的这种心理。

美国大富翁伊斯特曼决定要在洛加斯达城捐造“伊斯特曼”音乐学校及“凯伯恩”剧院用以纪念他的母亲。纽约辛纳格坐椅制造公司的销售员艾特森想得到该剧院坐椅的合同，于是他就和伊斯特曼约会见面。

在自我介绍之后，艾特森便一脸真诚、极其自然地说道：“伊斯特曼先生，当我在外边等着见你的时候，我很羡慕你的办公室，假如我有这样的办公室，我一定很高兴在里面工作，要知道，我从来不曾见过这么漂亮的办公室。”

艾特森一边说着一边走过去用手摸摸壁板，连着赞叹道：“这是最好的英国橡木做的，你太有眼力了。”

伊斯特曼回答：“是啊，那是从英国采购的橡木。我幸好也略懂一些木料的好坏，是我亲自挑选的。”

随后，伊斯特曼领着艾特森参观他自己当初帮助装饰公司设计的房间配置、油漆颜色及雕刻图案等。当他们在室内夸奖木工的技术时，伊斯特曼走到窗前站住了脚，然后亲切地表明要捐助洛加斯达大学及布立医院等机关一些资金，用以表达自己的心意。艾特森热诚地赞许他这种慈善义举的古道热肠。

艾特森从上午10点一刻走进伊斯特曼的办公室，时至中午他们还在滔滔不绝地谈着。结果不用说人们也会想得到，艾特森拿到了10万美元的订单。

艾特森从伊斯特曼最热心的话题切入，渐渐地说到对方引以为荣之处，给予对方VIP待遇的心理享受，最终达到了自己的目的——顺利成交。因此，作为销售员，必须掌握客户的这种心理，并充分而巧妙地运用到自己的工作中。

适当地使用激将法

在推销员的销售过程中，自己往往会遇到一些客户，对一些物品有购买心理，但也有一些其他担忧，使得在买不买上犹豫不抉，拿不定主意，想等等看。面对这样的客户，要想说服他们，促使他们下决心签单，销售员可以利用他们的好胜心、自尊心，采用激将法促使他们作出购买决定，迅速签单。

激将法，简单地说，就是从心理学角度出发，用反面的话激励别人，使之痛下决心去做成什么事，从而起到良好的语言表达效果。激将法通常用在有一定身份并具有一定经济实力的客户身上。比如：

“即然你看中，你认为需要与你夫人商量，然后再选择怎么做吗？”

“这事你不能做主，谁还能做主啊？”

“我听你们的同行说，您可是一个有主见的人。所以，请你现在就下决心吧！”

“你嘴上说这说那的，其实你心里根本不想跟我签约，对吧！”

在激将法的具体运用上，我们可以看看下面这个事例：

一名保险销售员在向一位客户推销保险。当客户对保险产品的情况了解以后，却迟迟不作出最终的购买决定。

对此，销售员说：“现在，很多负责任的先生都会给自己的妻子和儿女买保险。因为他们觉得关爱自己的妻子和儿女是自己最大的光荣和责任，为妻子和儿女买保险是对他们无限关爱的一种方式。尤其是人身安全保险，它不仅是一种投资，而且体现了一位丈夫对妻子的关爱和呵护，一位父亲对子女的无限挚爱。我遇到很多先生为他们的妻子和儿女买保险时，都是毫不犹豫地签单。像你这样犹犹豫豫的，我见得比较少……”

客户听了以后，说：“还是等一段时间再说吧！”

销售员说：“我想这不是你的真正理由！你是没有把做丈夫和做父亲

的责任放到足够高的位置。你要关心他们，就要时刻期望他们平安，而为他们买平安保险是关心他们平安的重要体现。现在，你的妻子和儿女都没有投平安险，实在看不出你对他们的关爱。”

客户一直是一位优秀的丈夫、称职的爸爸，听了销售员的话有些着急，犹豫了一下便说：“那就买两份保险吧，反正为了他们也不在乎两份保险的钱。”

销售员说：“那是，那是，那就请你代替你的妻子和儿女签下名字吧！”

就这样，销售员很快就说服客户签单了。

其实，激将法的本质是源于顾客的好胜心理。各个消费者的购买动机并不完全相同，有的为满足新、奇、怪、美的心理需要，也有一种为满足自己的好胜心理。如果销售员能巧妙利用顾客的这种心理，就会使成交顺利。

在某华侨商店里，一对外商夫妇对一只标价3万元的翡翠戒指非常感兴趣，但因为价格太贵，又有些犹豫不决。正在这时，售货员主动走过来介绍说：“某国总统夫人也曾对它爱不释手，可由于价钱太贵，没买。”这对夫妇闻听此言，其好胜心理油然而生，立刻付钱买下，然后洋洋得意，感到自己比总统夫人还有钱。

所以，如果你有商品推销给顾客，千万不能用“你不想买”而可以用“这种商品很贵，一般人买不起”来激他，因为前者不会刺激对方的自尊，后者却击中了他的要害，而对方为了挽回面子，必然会立即购买。

看重你的客户

希望受到别人的重视，是每一个有行为能力的人的普遍心理需求。每个人都渴望自己靓丽而又有光彩，成为众人瞩目的焦点，这就是心理学中的焦点效应，这是人类的普遍心理，即把自己当做是一切的中心，希望自己成为外界关注的焦点。

销售员所面对的所有顾客也都有这样的需求，为此，你要尽量表现出你的关注，这有利于拉近彼此的距离。如此利用焦点效应你就能很快打破对方的心理防线，了解对方的意图，那么产品成交的可能性就会大大提高。

一天，一位女孩逛超市，想为自己选购一套化妆品，当她走向A专柜时，销售员看见她就滔滔不绝地介绍自己的产品多么好，非常适合女孩的皮肤，女孩如果不买就等于错过了最适合自己的化妆品等等，这些话并没有使她对此化妆品产生兴趣，相反，还心生反感，她很快离开了A专柜。

当她走到B专柜时，B专柜的销售人员热情地跟她打招呼，并没有直接介绍产品，而是非常真诚地微笑着说了一些赞美她的话："你的衣服真漂亮，你穿这身衣服显得非常有气质！""你的头花是从哪买的，挺别致的。"之后简单地介绍了一下专柜的护肤品，并专门针对女孩的皮肤特点，为她挑选了一款最适合她皮肤的产品，还请她试用。结果女孩买了这家专柜的化妆品。

其实，A、B这两个专柜的化妆品是一个档次的，但是女孩最终选择了在B专柜购买。为何B专柜的销售员对产品并没有做过多的介招，却赢得了好感，做成了生意呢？原因便在于A专柜的销售员没有从内心深处对客户引起足够的重视，而B专柜的销售员却能够以顾客为主体，真诚地赞美客户，给顾客一种很重要的感觉，使顾客觉得自己被重视，在心理上得到一种满足感，从而更加认同B专柜的销售员，自然就想买B专柜的产品了。

客户真正需要的是你对他的重视。只有满足客户喜欢被重视的心理需求，才能让客户痛痛快快地掏腰包！

赞美越具体，客户离你越近

在人与人的相处中，相互的赞美会拉近彼此间的距离，对于销售也是如此。推销员在与客户沟通时，销售员适当地表现出对对方的赞美，不仅能够有效活跃销售气氛，还能够给客户留下好的印象，进而增加销售机会。但是，销售员所面对的客户往往是形形色色的，即使赞誉是出于好意，效果也未必都是好的。因此，销售员一定要把握好赞美的原则——赞美要具体。赞美越具体，客户越开心。因为，在客户看来，你是懂他的，这就在无形之中拉近了你们之间的距离。那么，要想赞美具体需要做到哪些呢？

1. 赞美要实在

在实际销售中，常常会有一些销售员为了完成销售工作而使用客套的赞美之词，不分情况地对客户进行赞美。譬如赞美皮肤状况差的女性皮肤好，赞美身材胖的男性挺拔等。其实，销售员不切合实际的赞美或毫无诚意的赞美，不仅起不到活跃气氛的作用，反而会让客户感到厌烦，因为这样的赞美如同取笑客户。

2. 对于别人没有发现的优点进行赞美

在赞美客户时，销售员通常会被一些模式化的赞美之词所控制，例如看到大眼睛的女孩，总是习惯赞美“你的眼睛真大”。其实，对于大眼睛女孩，一定在很多地方听过类似的赞美，如此反复，她就会慢慢习惯，不会再为别人说自己眼睛大而欣喜万分了。

其实，每个人都有一种希望别人注意他不同凡响之处的心理。因此，在赞美客户时，如果能适应这种心理，去观察、发现他异于别人的地方，并对其进行赞美，往往能收得意想不到的效果。例如，对于大眼睛的女孩，如果你能换一个角度说“你的眼神真美”或者说“一看你的眼睛就知道你是一个很有灵气的女孩”，如此就能给对方带来不同于以往的优越感受，从而让她更愿意与你展开交谈。

3. 不要脱离客户进行赞美

在赞美客户时，销售员注意不要脱离客户本身。在实际销售中，有些销售员虽然能够发现客户身上的赞美点，但是却疏忽了与客户本身的结合。例如，当客户穿着一条漂亮的红裙子时，路人也许会对客户赞美道："你的裙子真漂亮！"但是这种赞美无论如何也只是在称赞裙子漂亮而已，却没有使客户本身真正得到赞美。所以销售员不妨说："你的裙子真漂亮，非常适合你的气质。"这样一来，不仅赞美了裙子，也赞美了客户的气质，从而进一步满足了客户内心对美的需求，也就赢取了客户更多的好感。

4. 要强调的是赞美切忌空泛

抽象的东西往往不具体，难以给人留下深刻的印象。例如，销售人员只是含糊其辞地赞美客户，说一些"你的工作非常出色"或者"你是一位非常卓越的领导"等空泛的话语，根本不能引起客户的好感，甚至会产生不必要的误解和信任危机，导致最终交易的失败。不如这样说，"你的决策具有很高的前瞻性"，"大家都很佩服你的气度"等。

总的来说，在销售过程中，赞美客户是必不可少的环节，赞美做到具体也不是件很困难的事情。只要你留心观察，细心体悟，就能够找到客户的赞美点，你赞美得越具体，就越真实，而真实恰恰是突破客户心理防线的钥匙。

开出的价格要给对方留余地

销售员在和客户议价时，一定要给对方留出余地，不要一下就说死，不给对方一点讨价的余地，这样很可能导致交易失败。

我们不难发现，如果一个店家在门口挂着"谢绝议价"的标志，一般客户是不会进去的。因为市场经济条件下，讨价还价已经是一种可能和必然，如果某件产品标价 500 元，最后经过讨价还价，客户以 200 元的价格买下了这件产品，他就会非常高兴。不论这件产品的价值是不是 200 元，但是经过自己的努力，他以这个价格得到了，他就会非常开心。相反，如果店家给出了200元的价格，却拒绝议价，客户很可能不会购买这件产品，即使这件产品真的在降价出售，客户也不愿意购买。他们会认为商家没有人情味，即使原本打算购买的念头也打消了。

因此，作为一名销售人员，在给出价格时，一定要给客户留下可以议价的空间，让他们满足于这个议价的过程，这样最后成交的概率会大大提升。

曾有一个女孩记录了自己的一次购物经历。通过这篇日记，我们能清晰地看到，销售员给出价格时，留有余地的重要性。

今天我在一家服装店看上了一条非常漂亮的裙子，我决定买下来。但是最后在谈论价格时，让我很气愤。因为店家坚决不让步，店家标价290元，我表示希望再优惠一些，店家的回答让我不想在他那里买任何东西了，他说："没看见我们门口写的字吗——谢绝议价。如果你不能接受这个价格，那就别买了。"店家的话让我很生气，就好像我是瞎子没看到那几个字或者我没钱还想买似的。就算他肯便宜一块钱，也算表示出合作的诚意了，但是非但没有这样，语气还很强硬。于是，我当即离开了。

后来我在另外一家店又看到了同样的裙子，店家的标价是390元，我还没开口，店家就笑盈盈地对我说："喜欢的话，可以先试试，如果穿着好看，我们会有优惠。"这话让我刚才的不愉快顿时消散了，试穿效果也让我很满意。于是我就想让店家优惠一些。店家笑着说："其实这条裙子也没多大的利润，但是看你穿着这么合适，想要特意去找这样的模特还找不来呢，你穿着就相当于给我们店的服装做宣传了。这样吧，给你打八五折吧，331元。"

这个自然不是我能接受的价格，我说："这个价格实在超出了我的心理承受范围了。再优惠一些吧，给我一个最优惠的价格。以后我会常光顾的。"对方也知道我是真心想买，所以又说："你这个小姑娘，怎么就让我不忍心拒绝呢？好吧，好吧，给你一个我们店的VIP客户才能够享受到的折扣吧，七五折，292.5元。这个价格可是最低了，不能再砍价了。"我一听，比上一家还贵2.5元呢，但是2.5元算什么，对方说得我都心花怒放了，至少心理平衡了，因为我觉得在讨价还价中，我赢了。所以我宁愿多花2.5元钱图个心情好，也不愿意因为那家便宜而听对方的冷语、看对方的脸色，于是欢天喜地买下了。

这个女孩的购物经历恰恰告诉销售人员一个道理，那就是很多客户并不喜欢一口价。哪怕你给出的价格的确是便宜的，也不如给他们一个讨价还价的空间，以便满足一下他们喜欢砍价杀价的心理。通常情况下，客户往往不相信销售员第一次给出的价格就是最低价格，所以，如果你不给他们留有议价的余地，他们便不会心甘情愿地购买。

事例中第二个店家就明白这个道理。所以他的标价明显高于第一家，但是他的成交价格却跟第一家差不多。可是他给客户的感受却是愉悦的，让客户觉得这样的人很灵活也很爽快。而第一家的产品尽管价格较低，但是由于店家说话生硬，毫无回旋的余地，让客户听着极不舒服，所以客户宁愿选择高价买第二家的也不愿再踏进第一家的门。想在销售中获胜的你，是否受到了启发呢?

为客户提供体现“面子”的机会

无论是在生活中还是在商业运作中，给人面子或者给人留面子，都会给你奔向成功留下助力，如果你是名推销员，当你为他人留下足够的面子时，对方也会顾及面子而对所需的东西买单。这都是因为面子的关照而表现出的举动。

所以，做为推销员也要学习给他人留面子的学问，相信你在运用它的同时，能收获到无穷的价值。

有研究销售的专家曾对“人们会不会因为顾及自己的‘面子’买单”做过相应的调查。结果显示，有68%的人认为会。通过上述调查，足以证明“面子”在大多数人心目中的重要地位了。

一位穿着时尚、打扮体面的女士走进了一家服装店。

这时，服装店的一位销售人员马上迎了上来，她向女士招呼道：“你好，你需要买点什么？”

女士回答道：“随便看看。”随后，女士直接走向服装店的高档套装区，并在一款黑色套装前停了下来。

这位销售人员也随着女士的脚步走到了高档套装区。她见这位女士仔细打量这套服装，于是马上笑着说：“这位女士，你真有眼光！这套服装昨天刚进的货，是我们店长从巴黎带回来的，真好像是专门为你采购的。”

女士听完销售人员的话后，非常得意地点了点头。

销售人员见她高兴，接着说：“你看的这套衣服质量特别好，相对于其他的套装来说，价格还算便宜。”在说这句话时，销售人员心想：价格便宜，质量又好，这么物美价廉的商品，她肯定会马上购买。

谁知，该女士的反应却使销售人员感到意外。当女士听完销售人员的话时，反应立刻变得冷淡起来，随后说了一句：“是啊，凡是便宜的，档次就不是很高了。”说着，把本来要买的衣服扔给了售货员后走了。

不难看出，生气走掉的那位女士属于典型的爱慕虚荣型。而销售人员并不了解那位女士的心理。所以，销售人员说的话正好伤害了她的虚荣心。因此，她才毅然决然地离开。本来到手的生意，却毁在销售人员不该说的销售语言里，可见，伤害别人的面子是多么不合时宜。

另有一位穿着体面的顾客走进一家皮鞋城。

销售人员见到这位顾客后，对他讲了一句：“欢迎光临，先生，请问您需要点什么？”

“我看看皮鞋。”

销售人员随即说道：“先生，您看这款皮鞋怎么样？”

客户见这双皮鞋光鲜靓丽，于是说道：“嗯，这双鞋还不错。多少钱？”

销售人员说道：“1888 元。”

客户听完价格说道：“怎么这么贵？”

销售人员从容地介绍道：“先生，这是我们新推出的皮鞋款式，您看，这双鞋是利用上等皮革制成的，不仅经久耐穿，还能很好地显示出您的气质。有很多看上去有品位的成功人士都选择它，我看，它绝对般配你。”

客户听完：“哦，哦，是的，那你给我包起来吧，我要了。”

价格为1888元的皮鞋，对于一般顾客来说的确有点贵。不过，这位销售人员却能成功地抓住客户好面子的心理，在销售过程中，他用“成功人士”这个词来刺激顾客，使得销售顺利实现。

通过阅读上面的案例，销售人员是否已经感受到，顾客好面子的心理带给自身的好处呢？因此，销售人员在进行销售时，不妨利用面子的力量，为自己的业绩加分。

通常，下面几种方法能帮助销售人员达到成交的目的。

1. 对客户进行恭维

既然客户好面子，那么销售人虽就识趣一点，利用好时机及时地去赞美你的客户，给足客户面子。一旦客户的虚荣心得到满足，就会心满意足地付账。

另外，销售人员见客户看中产品后，一定要适当地称赞他的眼光好、品位高。这一点是征服客户的有效方法。

2. 给客户制造风光的机会

有很多好面子的客户，都害怕在别人面前出丑或丢脸，怕自己被别人看不起。因此，他们对别人的言论很敏感。所以，销售人员在销售的过程中，千万不要“以貌取人”，要主动热情地向客户介绍高档的产品。比如，这件商品，是最新上市的款式等，或者赠送给客户贵宾卡，以此来抬高客户的身份。这样，能让客户在无形中觉得自己很风光。

其实，那些优秀销售员的销售技法就在于，他们善于洞察客户的心理，让他们有面子，他们就会心甘情愿地把产品从你这里买走。

下篇

如何做顾客才会买

第一章

真实展示所推销产品的实效

——露脸的产品才是顾客购买的发端

推销员要把所推销的产品实体展现在客户的面前，以实体展示产品的特性，让客户可以全方位地看到产品外观的形状、大小、颜色，也可以看到产品的构造、使用材料等内在质量，还可以动手去触摸产品，甚至可以让客户参与演示活动，有切身的体会和感觉，客户的疑虑自会消除，他的购买欲也自然就会增强。

全面了解你所推销的产品

推销员要把产品顺利地销售出去，首先你必须了解你的产品，这是做好销售工作的基础，也是一名销售员最起码的专业本领。因为任何销售，只有充分掌握产品知识，如售价、容量、规格、功能、生产厂家、符合什么认证标准，使用时要注意什么等等，才能吸引和争取到你的顾客，否则你就是无地放矢。

徐明就职于北京一家机械设备贸易公司，开始进入公司时他负责督导工作与操作重型机械设备。一干就是10年。在这十年里，徐明积累了大量的产品知识。

虽然徐明不是销售员，但是凡是客户有需要的时候，他就耐心地给客户解答一些销售员不能回答的问题。徐明宝贵的产品知识往往能让客户得到明确的、满意的答案，客户当然也对徐明另眼相待。

这些客户再来的时候甚至直接要求徐明为其服务，而徐明只要有时间也总是细心周到地为顾客介绍。渐渐地，徐明与客户发展出极佳的关系。不久后，许多客户开始绕过他的销售员直接向徐明下订单。

问起徐明的销售秘诀，徐明说："销售技巧我懂的并不多，我只是把我知道的知识详细、周到地讲给客户听，并且给他们一个最完善的解决方案。客户自然而然地就被我吸引过来了。"

后来，徐明索性调换了部门，直接去销售部做销售员，两年过后，徐明的个人业绩已经超越了该公司其他的销售员成为了销售冠军。

客户在购买产品之前都想要了解有关产品的更多知识。如果销售人员无法满足客户的这一基本需求的话，客户就无法了解产品是否适合自己，也就不会做出购买产品的决定。例子中徐明的销售技巧虽然不如其他的销售人员丰富，但是却对产品十分了解，凡是客户问到的问题，他总是能给出满意的回答，所以才会吸引顾客前来购买。那么，推销员如何才能成为一个了解所销产品的行家呢？

1. 通过培训学习

在公司组织的培训会上，销售员对产品有任何不明白、不确定的地方，都可以提出问题直到完全理解为止。不要觉得问问题可耻，更不要满腹疑问却装出一副完全明白的样子，这样只会给自己未来的销售工作带来极大的麻烦。另外，也可以向同事请教，有时候恰恰因为这简简单单的一句话，就有可能在今后的销售中为自己赢得一个重要的订单。

2. 向客户学习

因为实际使用产品的人是客户，而且他们也会和其他公司的产品作比较，所以从某种意义上来说，销售人员最好的老师就是客户。销售员必须挤出时间来经常拜访顾客，而且切记在客户面前要以谦虚的态度向他们学习产品知识。客户有时会提出连销售员都想像不到的绝妙点子，而这些点子不但会实现你与他本人的成交，对你未来的产品或者下一个客户的产品是一个改进。

3. 自我提高

在激烈的市场竞争下，很多产品的相关信息会发生变化，因此销售员不能坐以待毙，一定要有自我提高的意识，平时要注意反复阅读产品说明，不断查阅参考数据，掌握产品信息的变化。如果有不了解的地方，也要随时请教领导或产品开发主管。这样不仅有助于提高自己对产品知识的掌握程度，而且会给领导留下好印象。

作为销售人员，如果你连自己要卖的产品都不熟悉，不但是对客户失礼，而且也会失去销售产品的资格。只有掌握了丰富的产品知识，才能深入地了解客户的购买动机，才能找到产品推广方法、定价策略、产品卖点等。

向客户承诺产品零故障

严格地讲，产品零故障是不现实的，客户在对产品的使用中因操作不当，或因外力的作用致使产品出现故障，顾客也是能够理解的，因此，只要自己的产品是合格的，推销员不妨做出这样的承诺，这对顾客具有巨大的吸引力。

本质上说，最好的服务应是保证产品的零故障，即零故障的产品才是最好的服务。毫无疑问，任何有故障的产品，顾客用起来都不会开心，他花钱买了产品后，在使用过程中，总在担心产品会在哪一天产生故障、生危险。客户没有义务为你担惊受怕，顾客要的是安全感。在产品出现故障以后，即使你提供了优质、快速的维修服务，顾客也还会为此事费尽心思、浪费时间，关键是耽误了顾客使用。更有甚者，现在大部分的维修部“侯门深似海”，把有故障的产品交给维修部，顾客不知道什么时候才能把它取回来。这样的服务与产品零故障服务显然有着本质上的差别。

20 世纪 90 年代，日本有一家生产复印机的公司曾经一度占据了日本整个复印机市场。但是,尽管他们的产品具有垄断地位,可产品质量却很差，频频收到客户的投诉，为此，该公司建立了一个庞大的修理网络。但这个网络是从公司角度而不是从顾客的角度去解决问题。

在一连串的故障中，公司不得不在两种方案中选择：要么对机器进行彻底的重新设计以消除故障，要么扩大修理网络规摸。公司选择了后一方案。他们招募了更多的修理工，并从修理服务中获利。按此逻辑推断，产品设计和生产部门再也不愿改进复印机的质量，因为这样做反而会减少修理服务部的工作量和利润。

当竞争者们比如佳能发觉这个千载难逢的机会时，他们大举开发新产品并迅速打入市场，向客户承诺：保证产品零故障，如果真的出现意外故障，公司保证换新加赔偿，没有维修。这个承诺一公布，它们立即夺走了小型复印机市场的大部分份额。

可见，在现代这样的市场经济环境下，目光短浅是绝对不行的，它会使你丧失判断能力，丧失对更长远的、更大利益的把握。

产品的零故障是最好的服务。一个好品质的公司应当把这个理念深入到各个部门或领域里去，尤其是那些生产型企业更应该如此。当问题出现时迅速解决的顾客服务可谓有效率，产品在出厂时就毫无问题的顾客服务可谓有效。换言之，最好的顾客服务可能根本就不为顾客所知，因为在产品或服务送达顾客之前，就已经包含了充分的顾客服务保障。如果公司把零故障、零缺陷做为公司做任何事情的标准，那么，无论公司做什么事，品质一定会很好，顾客也不会来抱怨、投诉。顾客不仅不会投诉，而且还会口口相传，这样，顾客就会越来越多。顾客越多，发展自然就越快。

产品零故障服务不是售后服务，它侧重于对问题的预防，更能体现“顾客至上”的服务精神，同时也可以建立顾客对产品的安全感、对厂家的信任。这是产品零故障销售之所以能争取到客户的重要原因。

向客户突出介绍所卖产品优于其他同类产品的地方

在推销的过程中，是不是有的客户已经了解了自己的产品存在着某些劣势，产品就卖不出去了呢？实践证明，只要推销员推销有方，这样的产品照样可成为抢手货，关键在于销售员一定要问出客户的疑虑所在，打破这种被动的局面。聪明的销售员总是会想方设法地突出介绍自己产品的优点，让劣势显得并不重要以打消客户的疑虑。

吉诺·鲍洛奇在美国商业界是一位传奇人物，在短短20年内，已成为具有亿元资产的巨富。

这位传奇式的人物曾经受雇于尼尔迅公司，是一名销售员，也就是在这个公司里，吉诺·鲍洛奇积累了很多销售经验。

有一次，公司引进了一批豌豆罐头，但是这批罐头口感不好，很难销售出去。公司经过商量决定把这个艰巨的任务交给吉诺·鲍洛奇。

鲍洛奇明白考验自己能力的时候到了，如果能成功销售这批罐头，自己在业内的知名度会大大提升，公司也会重用自己。所以，他暗暗下定决心，一定要在最短的时间内把这批罐头卖出去，让老板刮目相看。

但是怎样才能把这批口感不佳的罐头卖出去呢？如果按常规的零售方法销售肯定不行，一方面这样做耗费的时间长，另一方面，时间长了，罐头更加卖不出去了。鲍洛奇想："为什么不把它们一次性集中销售出去呢？"按照这个思路，很快他就想到了一个办法。

回到自己的住所，鲍洛奇赶紧给自己的老客户打电话，约他们第二天到自己的住所，说有新的产品要介绍。

第二天，当客户来到鲍洛奇的住所时发现，他的房间里堆满了罐头，而鲍洛奇却忙得不可开交，不停地指挥工作人员把这些罐头往外搬，进进出出的工人很多，大家不停地忙碌着。

看到客户们都到齐了，鲍洛奇满脸歉意地和他们打招呼："真抱歉，我没有时间招待你们，今天通知你们来，是想介绍一种新产品，就是这种豌豆罐头。"

客户看了看罐头，议论纷纷，"不就是这种罐头嘛，市场反应并不好，口感不佳……""他约我们到这里来是想忽悠我们吗？""是啊，都卖不出去！"

鲍洛奇平静地对大家说："市场上的豌豆罐头颗粒大小不一，这种罐头，豌豆颗粒饱满，而且价格要比市场上的低。"他一边说一边打开一罐给大家看。

"但是，它的口感不怎么好，这是事实。"

"是的，豌豆的颗粒大，影响了它的口感，但是它的营养价值高。消费者就是想吃出健康。现在很多地方都掀起了吃这种罐头的热潮，相信不久之后，这股热潮就会席卷这里，到时候罐头的价格肯定会成倍地增长。昨天晚上连夜有人订货，我现在正在给他们发货。你们大家都是我的老客户，我叫大家过来，就是想透露这个商机，希望大家不要错过了。"

客户们低头商量，仍然很疑惑，不敢冒这个险。

鲍洛奇又说："如果集体订货的话，我会给你们优惠，并且负责送货上门。我不会骗你们的，大家打交道这么长时间了。而且说实话，这批货很快就售完了，下次不知道什么时候再进货，而且价格肯定会上涨，大家都是生意人，这个道理都知道。"

听了鲍洛奇的一番话，再看看房间里逐渐减少的货物，客户们渐渐沉不住气了，纷纷要求订货，半天时间所有罐头都卖出去了。

这件事情让鲍洛奇深受老板的器重，同时也为他日后事业的发展积累了一定的经验。

面对客户普遍存在疑虑的产品，鲍洛奇懂得变通，通过豌豆的营养价值来提升豌豆本身的价值，弥补了口感不好的缺陷，同时他还抓住了客户追求利润的心态，经过一番游说以及现场的造势，渐渐打动了客户，消除了他们的疑虑，最终把这批滞销的罐头以高价全部卖了出去。

其实销售员在销售的过程中想要消除客户的顾虑，最重要的就是要善于推敲客户的心理，知道他们顾虑的是什么，然后对症下药，逐步消除这些顾虑，让他们放心购买。如有必要，销售员还可以主动询问他们的顾虑，再想办法消除他们的顾虑，这样才能将销售顺利进行下去，成功交易的可能性自然会大大增加。

让产品引起顾客在情感上的认同

销售员在面对客户的时候一定都知道，要让客户自愿停下正在做的事情，听自己介绍产品，只有一种可能，那就是你所说的一切都让客户听了感兴趣。

销售员在向客户销售时，实际等同于与一个利益对手在做面对面的谈判。但倘若客户感兴趣，销售活动就易于展开，因为销售员与客户之间起码有共同语言。

因此，如何引起客户的兴趣，并且使其对我们销售的产品感兴趣，这一点至关重要，这关乎后面的产品销售。作为一名销售员，人和产品如果都没能引起客户的兴趣，想想这该有多失败。

其实要想引起客户的兴趣，很简单，就是让对方好奇，从客户的兴趣出发，结合产品特点让其对产品产生好奇心理。唯有这样，人们才会进一步接受我们的销售要求，我们才有机会更全面地展示产品，从而完成销售任务。

科比是一名女性内衣销售员。他对朋友说："我承认，作为男性，当我向一位女顾客介绍产品的时候，很容易遭到白眼或者无视，但是随着销售经验的增多，我慢慢掌握了一些窍门，甚至发现了一些身为男性推介女性用品的好处。"

实际上，科比已经是一位业绩斐然的优秀销售员了，我们可以重放一个科比的售货场景：

一位女客走进了店里。科比先是远远地观望了女顾客一会儿，当女顾客稍稍在一排睡衣前驻足了一会儿时，科比走上前去。

"你好，小姐，请问你是需要睡衣吗？"

"啊，是。"面对科比的出现，这位女客显然有些吃惊。

"那么需要我为你介绍吗，或者你可以告诉我你的一些要求。"

"嗯，你介绍吧。"

"好的，这几款都是100%纯棉的睡衣，是店里新到的款式，非常舒适。"

女客点点头，打量着科比介绍的那几款纯棉睡衣的款式。

"我们这几款花色卖得很不错，有些码号都已经断货了，请问小姐大概穿几号呢？"

"嗯，我想要中号，但这两种花色，我不知道哪一个更适合我。"

"噢，"科比仔细打量女客，女客也配合地将睡衣在自己身上比划给科比看。

"嗯，我觉得紫色典雅大方更适合您。"

"那中号是否会有些大？"

"完全不会，睡衣宽松一点会舒适许多，并且纯棉多次洗涤之后会有一定的缩水，中号的即使缩水也会合穿。"

"哦，是的，我以前的睡衣现在就小了。"

……

接着，相当顺利，科比完成了销售，将女客送到门口，从女顾客的表情来看她十分满意科比的服务。

“你怎么知道她喜欢紫色？”同事饶有兴味地问科比。

“她穿着的颜色非亮色，包包的颜色也是暗色，所以她喜欢的颜色可能偏暗色。”

“那你又怎么知道她会喜欢纯棉的睡衣？”

“从她的打扮上就可以看出来，不张扬却很舒适，是一位追求品质的女性。”

让顾客对产品产生情感上的认同感的重点就是在要销售的产品和客户之间找到一个连接点，这个点就是产品与客户的共通点，即产品的哪些特征可以很好地凸显客户的品位。科比由对女客的打扮来判断对方会喜欢纯棉的睡衣，由此在第一时间吸引住了女客。

如果要在这一点上达到理想的效果，需要：

1. 准备一个适宜的开场白

对销售存有抗拒感，这是客户在每一次销售过程中都会有的感受。在信息时代，销售资讯泛滥，人们对销售言辞产生抗拒感是一种正常现象，因此，准备一个能够吸引客户注意的开场白是解说技巧当中的一种。而什么样的开场白能够吸引客户，这应当针对不同客户进行不同设计。新型销售模式要求销售员务必在销售行动之前做足功课，这当然也包括设计一个针对我们要拜访的潜在客户的开场白。

无论是何种方式的开场白，目的只有一个，那就是引起客户对产品的注意。

2. 引起顾客情感上的共鸣

同样一款产品对不同客户的吸引是不同的。为了使产品对客户的吸引力最大化，销售员除了要了解客户的情况以外，还要结合自己所销售的产品特点，两者合二为一才能制造出完美的销售制胜点。

3. 我们自身要和我们的产品一样吸引人

除了产品以外，销售员还应当积极兼顾自身的塑造，这等同于为产品增加吸引客户的筹码。客户对我们所销售的产品感兴趣，不仅是因为产品能够给他们带来效益，而是在这之前，他们还需要我们的服务与帮助，销售员的优异表现能够为产品增值加码，没有销售员推介，客户恐怕也很难单纯对某样产品感兴趣。

做为一个推销员如果掌握了以上的推销技巧，无疑会拉近你与客户的距离，让他们产生购买愿望。

突出特点，彰显产品的独一无二

做推销工作的人都知道，产品能否打动人，好卖不好卖，不是靠吹出来的。实质上还是靠产品质量和功能，但产品质量好、功能独特固然重要，但还要靠推销员把这一优势彰显出来，即：把它的卖点介绍出来。

产品卖点是指产品销售的独特主张，即产品具备的与众不同的特色，也就是客户购买该产品能够得到的具体利益。独特卖点可以与产品本身有关，有时候，也可以与产品无关。独特卖点与产品有关时，是指产品的独特功效、质量、价格等；当与产品无关时，要销售的就是一种感觉、一种信任和服务等。

提炼一个好的产品卖点，可以引起消费者的强烈兴趣，并诱发他们对产品的关注和好感。销售人员对客户推介产品的卖点时，一定要结合客户的实际需求和喜好，用客户喜闻乐见的语言表达出来，在销售过程中灵活运用，把"要客户知道"转化成"客户要知道"。

销售人员提炼产品卖点应该从产品自身特色出发，围绕着产品的外观、质量、性能、功能等进行提炼，综合各品牌的产品卖点，从中寻找自身独有的市场亮点。卖点提炼当然是越多越好。卖点要简明，且通俗易懂，销售人员应该自己先吃透产品卖点，然后转化为客户能够理解的口语化的语言。例如：

一位推销员介绍他的产品时说："我们这款空调很受欢迎。之所以受到青睐，一是因为它静！目前空调行业大部分品牌空调的噪声值都在

26～32 分贝之间，而舒适的睡眠环境则需要25分贝以下的听觉感受。我们这款产品运行的噪声可低至22分贝，相当于人的呼吸声。二是因为它省电！每小时耗电不足500瓦，比一台家用冰箱还省电。”

另一位推销豆浆机的推销员说：“我们这款豆浆机主要有两大卖点：精研磨，重口味！这款产品采用了‘五谷精度系统’和‘炆火熬煮技术’！‘五谷精磨系统’是由五谷精磨器和X形强力旋风刀组成，利用‘碰撞研磨’的粉碎原理进行打浆，大大提高了粉碎效果，充分释放五谷杂粮的营养精华。再加上‘炆火熬煮技术’智能煮浆程序，让五谷豆浆得到充分乳化，做出的豆浆营养更丰富，口感更香浓，更利于人体吸收。

一般而言，提炼产品卖点有以下方法：

第一，从产品外观上提炼。从设计的风格、形状、款式，色调、材质、新技术等方面入手。

第二，从产品功能上提炼。找出不同于其他品牌的功能卖点。

第三，从产品参数上提炼。注意把技术参数与消费者的心理利益点结合起来，销售人员的讲解词要通俗易懂，富有感染力，能让消费者产生共鸣。

只要了解自己的产品，就会发现它独特的卖点。客户通常只会对独特的卖点感兴趣。销售人员应努力强调产品的独特卖点，把客户的思维始终控制在该卖点上，促使其最后作出购买的决策。

对所售产品的功能进行演示

将自己所推销的产品拿到客户单位或推销现场当众演示它的功能，是很多推销员常用的推销技巧。相比语言推销，实物功能演示更生动、更活泼，信息含量更大，更受顾客的喜爱，其本身的引导作用更大。

很多人都相信“行胜于言”、“耳听为虚，眼见为实”，即使推销员说得天花乱坠也不会被打动。那么，怎样才能使他们相信产品的效果呢？其中的一种办法是进行示范。在很大程度上，示范是为了使顾客能够产生进一步了解产品的兴趣，展示产品的一两种特别突出的特色和功能，因此推销员应该设法把示范搞得富有趣味性。

一位推销胶水的推销员让顾客在一页纸的一端涂上胶水，粘在一本厚厚的书上，然后再用这页纸把书提起来。通过这种方法，他向顾客显示了胶水的粘合力。这样的示范看上去很有说服力。事实上，如果推销员能够充分利用一些富有说服力的演示，就可能使顾客觉得出乎意料，大大加强对产品的兴趣。

对于一些自己能亲自参与的事情，人们常常会非常注意。因此，为了吸引顾客，推销员可以让他们自己来参加示范，所产生的效果也是非常强烈的。当然，如果要让顾客参加示范，推销员也要做好精心的准备，因为教别人使用某种产品与自己使用是截然不同的两回事。这种示范所产生的引导作用要比纯靠语言的引导作用强得多。一般来说，如果一次示范成功，顾客就会在很大程度上认可这种产品，取得推销的成功。

要使演示成功，必须注意示范的内容，即要怎样示范，通过这种示范要达到什么效果，如产品的某一突出性能，这一效果要能引起顾客的充分注意，引导他们认可这种产品。如果你推销胶水，你的示范仅仅表明胶水能把纸给粘住，这是起不到什么引导作用的。如果在示范的时候，在大庭广众之下，出现了意想不到的问题，其结果是无法挽回的。当然，任何事都可能发生。推销员应在平时考虑一下出现意外情况下的应对措施。要是没有心理准备，因为临时出现问题使示范出现差错而手足无措，会起到相反的作用，关于这一点，推销员是应该注意的。

应该说，对于推销员来说演示也是推销员经常使用的技巧和手段。上门推销一些较大的、不方便携带的物品，如果不想因用那些双方都听惯了的推销语言而使气氛沉闷，演示是一种不错的办法。可以说，演示是一种顾客喜闻乐见的方式，演示的结果也会对顾客产生强大的引导作用。

1. 促使他们注意你的产品

顾客有时并非心甘情愿地接受推销，有时对所推销的产品已经有了一定的了解，或者他们对你的推销说明并不感兴趣。任何人都有心不在焉的时候！如果顾客在倾听你的推销说明的时候，很容易走神或没有参与你的积极会谈，你的当务之急是如何将顾客的心思引入正题，这时你就必须有生动活泼的推销演示，它可以吸引顾客的注意力与兴趣，并且使之保持时间更长久。这是演示技巧的主要优点之一。

顾客的兴趣是推销活动顺利进展的重要条件之一。如果演示制作得较为精美，就能使推销产生更强有力的效果。

2. 使推销更直观，引导顾客把握推销点

演示能使推销更直观。当你想向顾客解释产品的正确使用方法时，显而易见，生动的演示远比口头说明更容易令顾客了解。同时还可以运用一些信号和其他的声音。这比单独运用一种媒介能产生更好的效果，容易引起顾客的共鸣。

同时，在市场上，有些产品或服务的推销是相当复杂的。这就要求我们在推销时要有创造性的演示方法，通过自己的推销说明与演示，使顾客能清晰地了解产品的性能，从而将产品推销出去。

所以，同单纯的语言推销相比，演示使推销更具有直观性。这种直观性能使顾客对一些比较复杂的问题，或不好用语言说明的问题有更清晰的了解。特别是一些推销的重点，可以通过演示更好地展现出来，从而引导顾客关注这些推销点。这样推销的目的就达到了。

有时候，演示以幻灯片、录像带为媒介，使用方便，可以把它赠送给顾客；随着现代信息技术的发展特别是互联网的迅速发展，网上传播信息的速度加快，并且十分方便，这使得演示具有更强的生命力。一家公司可把演示直接放到网上，推销员在外面可自由使用，十分方便；消费者可直接点击观看，使产品信息传播得更加广泛。

公司和厂家应加大力度制作一些精美的演示片。这些演示要把一些主要内容都包括进去。同时，可把演示分为几个片断，供不同的顾客群使用，这样使演示既有很强的针对性，又有一定的适用性。

让顾客参与对产品的评判

就一般常识而言，推销员在向客户介绍和推销自己的产品前，是要向对方出具关于产品的所有文件的，比如：合格证、使用说明书等，目的就是要让对方完整地接受你的方案或产品。如何做到这一点呢？举个题外的例子吧：前苏联有一位画家每次给小说画插图时，总是在一个角画上一只狗。编辑当然坚决要求删除这条不伦不类的狗，画家则“据理力争”，最后才“迫不得已”忍痛割爱。结果，插图的其他部分几乎不会有什么改动就发表了，画家达到了他真正的目的。

画家为什么要多此一举画这只狗？他的目的很明显，在保证画的真正内容不受损害的情况下，给编辑一点“参与”的方便。

在日常推销活动中同样可以用这样的方法引导顾客，但知道这样做的人并不多。大多数人为了给对方留下一个美好印象，把那些建议书之类的书面文件搞得尽善尽美，无可挑剔。遗憾的是，这类会让专家点头不已的文件，放到推销对象——客户面前后，往往毫无效果。为什么呢？完美文件的制作者或许精通自己手中的商品或方案，却不懂得人性的特点之一是喜欢参与！推销员若能巧妙地利用顾客喜欢参与的心理加以引导，往往会使顾客爽快地做出购买决定。如下例：

一个靠推销装帧图案给纺织公司的生意人，盯上了一家大纺织厂，并决定把它列为目标客户。他每星期跑一次，整整跑了三年，但连一幅设计图案都没有推销出去，对方老板总是看一看草图，双手一摊，说：“很抱歉，先生，我看今天我们还是谈不成。”

后来，这位生意人改变了推销方法，他故意带着未完成的装帧草图，再次去见那位老板。

“我想请您帮个忙，如果您愿意的话。这里有一些未完成的草图，希望您能指点一下，以便让我们的创作者们根据您的指导来完成它。”这位老板答应看一看。三天后，这位生意人再次去见那位老板，老板中肯地提了意见。而后，根据老板的意见，艺术家们修改了图案。结果，这批设计图案全部被这位老板收购了。从此，这位生意人用同样的方法，轻松地推销了许多图案！

我们无需对“让顾客参与”所形成的引导力量感到惊讶。事实就是这样，很多人因为不善于运用它、不注意它而四处碰壁，而善于运用它的人则轻而易举地获得了佳绩，这就是两者之间的差别所在。我们还可以看看下面这个例子：

位于美国纽约布鲁克林的一家大医院要增购一台X光仪器。得知这个信息之后，有许多家的推销员前去拜访负责鉴定X光仪器的主治医生，炫耀自己的仪器有多好，是全美最好的，惟有一家公司的推销员声称自己的仪器虽属全美最好的产品，但仍不够完善，正在努力改进，希望这位主治医生能来公司提出改进意见，并称届时派人专程来接。

这位主治医生起初感到十分惊讶，同时也感到极大的荣幸，因为从来还没有一个X光仪器制造商征求过他的意见。这立刻使他觉得自己身价倍增，尽管那个星期的日程已经排得满满的，但他还是取消了一个重要的应酬前去看那部仪器。

“我感觉并没有人推销那部仪器。但我反而觉得非常有必要去看看，结果它的质量真的不错，我买下了它。”这位主治医生事后这样说。

对于一个专业推销员来说，如同必须熟练运用其他引导技巧一样，尽力创造条件，让客户参与你的工作也是必须熟练运用的引导技巧。这样可以使其懂得商品的真正价值，更深刻地体会到自己拥有某一商品的实实在在的好处，从而果断地做出购买决定。

第二章

服务到位

——顾客要买的是不让他操心的产品

推销服务是整个推销活动中不可或缺的、极其重要的组成部分，在购买商品前推销员所做的导购服务，与购买后所做的售后服务到不到位，都是影响顾客实现购买的重要原因，所以服务在推销中的意义重大而深远。一个推销员在直接和间接地提供服务时，它的质量高低，不仅关系到是否能做成一笔买卖，而且也关系到自己企业的信誉。

优质的服务是完成推销的重要条件

很多推销员在推销产品时，往往忽视售后服务，没有设身处地地为客户着想。他们抱的是这样的心态："客户为什么要购买这些产品或服务，对我一点也不重要。我感兴趣的是，他们买了产品或服务，而我则拿到了佣金。"如此的心态，往往很难让顾客掏腰包。

当一个推销员站在客户的立场上考虑问题时，就比较容易抓住推销的重点。一个成功的销售人员最重要的品质保持积极的心态，积极主动、设身处地为客户着想，站在客户的角度思考问题，理解客户的观点，了解客户最需要的和最不想要的是什么。只有这样，才是在为客户提供优质服务。

有一位销售培训师对学生们说："能够把冰箱卖给爱斯基摩人的推销员不是一个好的推销员。这个爱斯基摩人在发觉上当后就再也不愿见到他了，推销员也别想再回到那里卖其他任何东西了，别人已对他失去了信任。"

积极地为客户着想，以诚相待、以心换心，是销售人员对待客户的基本原则，也是销售人员成功的基本要素。

所有成功的人，或者说业绩突出的人，之所以成功，就是因为他们的价值观念、行为模式比一般人更主动，他们的心态比一般人更积极。

有一位客户对日本保险推销之神原一平说："我目前买了几份保险，我想听听你的意见，也许我应该放弃这几份，然后重新向你买一些划算的。"

原一平告诉他："已经买了的保险最好不要放弃。想想看，你在这几份保险上已经花了不少钱，而保费是越付越少，好处是越来越多，经过这么多年，放弃这几份保险非常可惜！"

"如果你觉得必要，"原一平接着说，"我可以就你的需要和你现有的保险合约，特别为你设计一套方案。如果你不需要买更多的保险，我劝你不要浪费那些钱。”

原一平自始至终只想着如何诚实地做生意。如果他觉得对方的确要再投保一些，他会坦白地告诉对方，并替他计划一个最合适的方案。如果没必要，他会直截了当地告诉对方，不需要再多投一块钱了：“你不需要再买保险啦！我看不出你有什么理由需要再买那么多的保险！”

正是这种为客户打算、处处想着客户的需要的推销心态，使原一平成了创造日本保险神话的“推销之神”。

请记住：只有为客户提供优质的服务，才能创造出优异的销售业绩，促成自我销售额的增长！

现实是，你处处为顾客着想，不是只想着订单，结果就是你不断地得到顾客的订单。

服务到位不分尊卑

在商业活动中，推销是买卖双方价值得以实现过程，从另一个角度看，推销也是卖方向买方提供服务的过程，优质服务就是良好的推销。只要推销员乐于帮助客户，就会和客户和睦相处；为客户做一些有益的事，就会造成非常友好的气氛，而这种气氛是任何推销工作顺利开展所必须的。

服务是对客户的一种承诺，推销员能够提供给客户的帮助是多方面的，并不仅仅局限于通常所说的售后服务上。如，可以不断地向客户介绍一些技术方面的最新发展资料，介绍一些促进推销的新做法，邀请客户参加一些体育比赛等等。这些虽属区区小事，却有助于推销员与客户建立长期关系。但如果推销员不注意对客户的服务，怠慢了客户，必将使销售活动受到影响。

英国某化工公司生产的清漆是市场上最好的产品，位于中部地区的某个小城镇有一家公司经常用该公司推销员史密斯送的货，可以说是史密斯的固定老客户。随着业务的扩展，史密斯有些看不起这个小城镇的客户，因为这家公司每次要的货都不多。他逐渐改变了送货方式，除非这家公司的高层领导请吃宵夜或塞礼品，要不就不送货。久而久之，这家公司的业务主管对史密斯的这种做法非常气愤，但由于长期使用他的产品，对其他公司的产品了解不深，又不敢贸然进货。正好，另一家化工公司的推销员彼得来推销清漆，他们试用了一下，质量可以，就决定使用彼得的产品。彼得有了史密斯的前车之鉴，不论客户要货数量多少，都准时送到，因此还争取到了其他几个小客户。

商品销到客户手里，并不等于就万事大吉了，推销员要想与客户保持良性的长期关系，售后服务的质量是关键。如果售后服务做得不好，客户迟早会离你而去。

某家电公司推销员王朋，主要推销电视机、洗衣机等大件家电产品，每次客户要货，王朋都会亲自把货送到客户家里，按客户的要求放到客户认为最合适的位置，如有客户告知需要维修，王朋会在第一时间赶到，快速高效地修好；而另一家公司的推销员姜涛也是推销大件家电的，客户要求上门服务，但他每次都是把货送到门口并不入户，客户要求上门维修，他却迟迟不愿照面，经过三催四请才来，却修理不到位，修好的电视没多长时间就又出毛病了。有一次凑巧买王朋电视的客户与买姜涛电视的客户碰在一起，并亲身体验了一下王朋的售后服务。从那儿以后，姜涛的客户每次遇到亲戚朋友需购买电器时，都会把他们介绍给王朋。

不论推销什么产品，如果不能提供良好的售后服务，就会使努力得来的生意被竞争对手抢走。赢得订单，固然是推销工作的一个圆满“结束”，但从长远看，这只是一个阶段性的结束，不是永久的、真正的结束，反而是拓展推销事业的“开始”——开始提供长久的、良好的售后服务。重视售后服务的推销员在经过2年以后，会发觉推销额的80%是来自老顾客或老顾客的介绍。

许多顾客常常有“买了以后又后悔”的感觉，他们会一再地问自己：“我该不该买？或许我不应该花这么多钱买！”这时候，如果接到推销员的感谢函，或许可以化解心中的后悔，甚至觉得“我买对了。”

我们在这里强调“服务”的重要性。每一位推销员也都知道这个道理，但是能够身体力行、踏实去做的人却少之又少。许多推销员认为“顾客第一”是老调重弹，没有什么好强调的，其实，这正是成功的推销员成功的秘诀。

周到的服务是最好的推销

谙熟推销业务的推销员都知道“真正的推销是从成交后开始的”，如果服务跟不上就某一客户讲，销售就算是终止了。

方明是一家公司的业务经理，负责复印机销售与服务工作。他毕业后就一直从事复印机的维修工作，已经七八年了。在这几年中，他由修理复印机助理员晋升到销售部的经理，这对一个年轻人而言，并不是一件容易的事！

由于方明在校时攻读的就是机械专业，且对机械修理特别钟爱，所以他刚进入公司时，就非常认真地学习修理复印机的技术，只要客户的复印机出现问题都找他修理，因为他不但技术过硬，而且待人和气，很自然地就赢得了客户的好感。于是，经他服务的许多人主动为他介绍客户，而他报价时都尽量地为客户争取最低价格，客户只要一比较都知道他的价格最实在，于是他的业绩就在这样一传十、十传百的方式中逐渐地拓展开来，并且让他获得了“年度销售总冠军”的头衔，不但在公司受到上司和同事的肯定，同时也更赢得了更多客户的认同。

方明在回顾其成功的历程时感叹地说道：“其实最好的销售就是服务。”显然，这是一句发自肺腑的话。事实上，在方明的业务活动中，他几乎没有主动去拜访过客户，大部分的业绩都是由客户相互介绍而来的，所以业务拓展对他而言几乎是毫不费力的事。虽然面对不断而来的客户群，他显得十分忙碌而疲惫，但心中却充满十足的希望和成就感，因为他知道每一个成交的客户，如果可以持续得到良好的服务，将来还会为他带来业务。如此周而复始的结果，业绩自然会不断地提高。

这就是服务工作的效果！有经验的推销员绝对不会漠视服务对自己事业发展的重要意义，因此他们尽力做好每一项服务工作，甚至在这方面付出的时间和精力远远超过向顾客的直接销售。这不足为怪，因为服务是最好的销售，有经验的推销员对此不会有丝毫的怀疑。

在现今这个市场经济环境下，竞争越来越激烈，要想在竞争中获胜，除了良好的产品外，销售服务已成为一个至关重要的影响因素。更多更好的售后服务，除了会增加客户对产品的信心，还会吸引客户第二次消费与主动推荐，像婚纱摄影礼服公司从拍照、摄影、礼服、车辆到结婚事项从头到尾的一条龙服务；又如汽车业务员除了卖车之外，保险、理赔、拖吊、维修、保养、改装，一应俱全，甚至连验车都服务到家，这些都是由于竞争带动全面服务的观念。所以说，要创造最好的销售业绩，做好热诚而周到的服务，是销售工作中不可或缺的环节。

通过售后服务争取更多的用户

在销售过程中，有些推销员目光短浅，只看眼前利益，他们常常在销售过程中为了让客户购买自己的产品而对客户做出各种保证，这些保证大多数是属于售后部分的，不用立刻兑现，因此有些销售员不惜采取撒谎的方式应付客户，这无疑是在与客户做一锤子买卖。

但是，销售员要注意，客户在购买商品时，帮助他做出购买决定的，往往是销售员做出的某项承诺，这个承诺是消费者购买行为的关键要点。当客户付费之后，他获得了商品，但并没有获得承诺的服务或其他增值项目，因此在客户心中他的购买行为并没有结束。

问题就出在这里。销售员总是认为，顾客付钱的时候，销售行为就结束了。可是在客户心中，这只是购买行为的开始。

可是在产品销售之后，很多销售员在客户那里就销声匿迹了，实际这是非常不明智的做法。在销售过程中，我们与客户建立友好的互动关系，客户也是出于情感而对产品作出购买决定。但作为销售员，不意味着在产品售出之后的售后服务上就可以缺席了。事实上，售后服务不仅是销售产品的信息跟进与升级，还是你的后续销售的开始，服务做得好，能够为销售员带来更多的客户，因为作出购买决定的客户会将自己的使用感受告诉自己的朋友。

当我们为客户送去完美的甚至超出他期望值的售后服务时，第一会满足客户的消费欲望；第二客户会有向亲友分享成功消费体验的欲望；第三更会满足客户被尊重的欲望。从这三个角度做好售后服务，是维护客户关系、保证业绩的王道。

杨帆做的是社区网络推广，向街道办事处包括物业公司推荐自己公司的网络服务，为公司业务争取覆盖率。在这个过程里杨帆经常接触的是一些根本不懂得网络服务的大爷大妈，要向他们销售是有一定困难的，但是杨帆干得却很出色。

“李大婶，我来啦。”杨帆满头大汗地提着一个箱子，另一只肩膀上背着一大捆网线。

“哎哟，快坐下歇歇，你怎么亲自来了？你们公司的售后服务人员呢？”

“嗨，我亲自来才放心，你这又是咋回事？”

“别提啦。”李大婶的眉头皱成一团，“办公室的网又不通了，所以叫你来看看。”

“好嘞，我给你检查检查。”杨帆转了好几圈，发现居委会办公室的网线给猫蹭掉了。

“哎哟，原来是这样，早知道这么简单，就不让你来了。”李大婶不好意思地说，但网络畅通了，还是很高兴的。

“没关系，我有空就过来了。”

“怎么，这是要上哪去？”

“南边社区看看去，看那边有没有住户需要。”

“哦，那你赶紧的。”

李大婶把杨帆送出门外，“你放心，我这边也给你瞅着呢。3号楼顶层几个住户一到大风天就上不了网，回头我给说道说道，也换成你家的。”

“那可谢谢婶儿了。”

“没事，谢啥谢，婶儿这老让你忙活的。”

“哪有啊，婶儿这是我应该做的，我给你做的销售，给你做售后服务也是应该的。”

“婶儿当然知道了，这大热天的不是也心疼你嘛。”

“呵，我没事，婶儿你要再有啥事尽管招呼，我先走了啊。”

“好的，去吧，去吧。”李大婶看着杨帆走远了。

过了不久，杨帆慢慢就覆盖了附近社区的网络服务。稳定的网络、随叫随到的售后服务，李大婶逢人就介绍，一传十、十传百，杨帆公司的网络服务慢慢就普及了。

售后服务对产品销售也起着出奇制胜的作用。仅仅将产品销售给客户是不够的，而是要让客户记住我们的服务，这样他才愿意花精力为我们做二次销售。而这一切都需要销售员在产品销售完成之后，在售后服务中完善引导的。

售后服务是企业产品营销非常重要的一部分，在产品同质化竞争越来越激烈的今天，没有售后服务的企业会被客户认为是没有信用的企业，没有售后服务的商品则是一种没有保障的商品，而不信守承诺提供售后服务的销售员则是不可交的朋友。售后服务的目标就是实现客户满意度的最大化，客户满意度高，客户就会体验到被尊重的感觉，当客户感觉被尊重时，他会把同样的尊重还给企业或销售员，尊重销售员的付出，并愿意为其产品和付出积极宣传，介绍新客户或实现二次购买。

切实把服务落实到位

特别是对店商来说，搞好销售，要想获得利润，就必须看准服务两个字，一个优质的门店销售服务会使门店充满生命力。如今，人们消费心理日益成热，产品也日益丰富。同等情况，我们面对同一类型顾客，我们会问，门店靠什么来竞争？显而易见，能持续不断地为顾客提供优质服务的门店，才能在竞争中脱颖而出。因此，门店在市场营销中一定要看准服务两字，也就必须加强顾客服务意识，始终保持以顾客为中心的态度，同时要学习有效的服务技巧，为顾客提供真正意义上的优质服务。

看准服务两字，首先要理解什么是服务？服务就是能够给予顾客满意、心情愉快的行动和语言的总和。服务的目的是相同的，服务的方式可以灵活多变。为了达到让顾客满意，让顾客拥有愉快的心情之目的，我们就要真诚地接待每一位顾客，给其友善，让其感到愉快。服务还要求我们关注顾客关系，设身处地为顾客解决每一个问题。说起来简单，但做起来难，因为顾客的需求是多层面、不断升级的。面对这种情况，我们要迅速地增强服务观念和服务水平。

1. 在头脑中增强服务意识

每一位销售人员头脑中要树立帮助顾客解决问题的意识，这就需要从了解顾客的需要开始。一般情况下，顾客的需要有三个层面：基本需求、潜在期望、后顾之忧。

要使顾客满意，就要达到顾客的基本需求，了解顾客的潜在期望，消除顾客的后顾之忧。

可以设想，当我们把顾客的问题解决之后，我们再去为顾客服务，情况就会变得非常顺利。

另外，推销员要时刻意识到服务的价值所在。在整个门店销售服务的过程中，这里有顾客的利益、门店的利益和个人的利益，有时还有第四方利益存在其中。因此，一个门店服务人员是否合格，不是看其所服务的顾客对他的满意度有多高，而是看其是否善于平衡顾客、门店、个人之间的利益。要想做到、做好这一点，头脑中必须有服务价值的意识存在。

自然，推销员每天都要不停地接待顾客，随时和门店的竞争对手去抗衡。有一个法则就是，只有那些能给顾客提供优质服务的商家，才能在激烈的市场竞争中获得胜利。

2. 在售货过程中强化优质服务

（1）“把顾客当做上帝”

对于这句话我们并不陌生，在沃尔玛有这样一条标语“顾客是上帝”，每一位走进商店的人都会看到：“①顾客永远是对的；②顾客如果有错误，请参看第一条。”从这里我们就能看到“服务”两字的重要程度，也就要求我们要充分尊重顾客的需求，并以热情的工作态度去关注他们，最终通过我们的服务让顾客感到满意。

（2）服务到位

为了让顾客满意，我们还要给顾客提供更专业、全面的服务，要事事想顾客所想，实实在在为顾客解决问题，为顾客提供各种咨询、实施、售后支持等服务，也就是说服务要到位。

如今门店竞争已到了“服务”时代，市场上稍微活跃一点的门店几乎都是能够提供全方位服务的门店，所以我们要针对顾客的某一类需求提供到位的服务，这样能吸引更多的顾客光顾，门店生意必将快速好起来。

（3）快速响应

服务的一个重要环节就是能迅速地响应顾客的需求，作为店员，在洞察或了解顾客的需求后，要在第一时间立刻对顾客的需求迅速做出反应，并能根据顾客的需求快速引入新产品或提供更具附加值的兴奋型服务，以赢得顾客的满意和信任。

（4）以顾客为中心

以顾客为中心，来关注顾客的心情、需求，是我们始终要做，也是非常重要的。以顾客为中心不能只是一句口号，更不能是贴在墙上的服务宗旨，我们要用具体的实际行动带给顾客一种感受，顾客心理一定会明白。如：

快速给顾客倒上一杯水；真诚地向顾客表示敬重；主动帮助顾客解决问题；在顾客生日时主动寄上一张贺卡或打电话问候；在顾客等候时为顾客准备书刊杂志，以消磨时间等等。

“以顾客中心”的营销思想早在20世纪60年代就已经提出。要知道当时“以顾客为中心”思想的最主要内容是指门店应该生产出能够满足“顾客需求”的产品。这和我们现在提出的概念是有所区别的，现在的这种营销理念实际上早已超越了单纯满足“顾客需求”的层面，门店经营中“以顾客为中心”的真正涵义应该是门店所有的经营活动要始终围绕顾客来进行。

（5）持续提供优质服务

要做到持续为顾客提供优质服务不是一件容易的事，持续就是要为顾客提供长期的、始终如一的高品质服务。如果是为顾客提供一次优质的服务，甚至一段时间的优质服务，都很容易做到，但这并不代表持续。如果门店真做到了持续，自己的品牌必然会形成。门店一旦形成品牌，在同行业的竞争中就有了一定的实力和相当大的优势。

要想保持持续的优质服务，就必须建立、健全系统的门店销售工作标准、操作程序和相关制度。如：紧急服务和非紧急服务的流程和程序、现场销售和网上销售的流程和程序、商品紧急返修和正常返修的流程和程序等。另外，我们还要定期更新和邮寄有关资料，使顾客在任何时候都能方便地找到并得到我们的服务。

（6）全力为顾客着想

全力为顾客着想是“服务”二字的前提，这里有一个换位思考问题，我们能全力为顾客着想，就意味着我们能站在顾客的角度去思考问题、理解对方的观点、知道对方最需要的和最不想要的是什么。只有这样，我们才能为顾客提供优质服务。

全力为顾客着想就是要在每一个细节都设身处地想顾客所想，急顾客所急，最终为顾客带来满意和便捷。可见这是一种情感服务，情感服务必须是真心为顾客着想，以顾客的利益为重，用真情赢得顾客，让顾客感受到浓浓真情和人间真爱。

（7）满足个性化

个性化就代表着与众不同。如果我们在工作中能抓住每位顾客的这种心理，那么门店工作就能顺利开展，因为此时顾客觉得他们得到与众不同的服务和格外的尊重。要知道，传统的商业门店提供的是大众型服务，也就是说任何顾客的特殊需求都必须服从于门店所能提供的有限商品。门店的一个重要作用是搜集市场信息并反馈给生产厂家，但这个过程时间漫长，信息几经传递变得不太准确，这就难以满足顾客个性化服务的需要，现在我们看到了门店从单纯销售商品，转向以消费者为中心，创造个性化的现代营销组合，根据各自不同特点，拓展门店经营业态的功能。

3. 配套服务

配套服务是门店在充实服务软件的同时，也要配置相应的硬件设施，这样可提高顾客对门店的信任程度。就拿一家珠宝店来说，它在珠宝饰品柜台设置婚礼用品咨询台，为顾客提供婚礼方面的咨询服务。这些服务包括，向顾客介绍举办婚礼的礼节礼仪，与顾客商量应该向参加婚礼的来宾回赠什么礼物等等。总之，为顾客提供配套服务，可以在最大程度上满足顾客需求。

像在店内摆置沙发和饮水机，使结伴而来的顾客在这里喝茶、聊天，享受我们的服务。

像在各层楼的自动扶梯旁安放一台钢琴，请琴师演奏。店内设咖啡座，夫妻双双来店铺时，若一方购物，另一方可在此休息等待。还可以向购物完毕的顾客提供免费搬运货物的服务。

当然我们还能想出许多，但不要拘泥于某种形式。我们要在保证服务项目支出有足够回报的前提下尽可能提供周全的服务，让顾客满意。

通过服务把顾客培养成行家

一个优秀的推销员都知道，销售业绩的提升有多种渠道和方法，其中，先销售服务再销售产品就是方法之一。

为什么这么讲呢？因为面对喜欢的产品，顾客有时并不购买，这又是为什么呢？这对有些人来说可能不是问题，但对有些老年人和文化程度不高的人来说，不会操作或不能完全操作就是问题，如果你能为其提供必要的服务，先把他培养成使用行家，他不就购买了吗？而要服务到位，推销员首先应是一个行家。因为如果你对所推销的产品并不十分熟悉，只了解一些表面的浅显的知识，就会影响到产品的推销。在推销活动中，客户多提几个问题，就把你"问"住了，客户往往会因为得不到满意的回答而打消了购买的念头。你会因为对产品解释不清或宣传不力而大大影响销售业绩。更严重的问题是，时间一长，不少销售人员会有意无意地把影响业绩的原因归罪于产品本身，从而对所推销的产品渐渐失去信心。

因此，为消除自我意识在日常推销中的负面影响，对本企业产品建立起充分的信心，销售人员应充分了解产品的情况，掌握关于产品的丰富知识。如产品类型、规格、性能、技术指标、质量水准、生产工艺、使用方法，老客户的使用情况，本企业产品与其他企业同类产品的竞争优势、价格情况和产品发展前景，本企业产品与社会文化传统和地域消费习惯的关系，以及本企业产品的不足或有待改进的方面等。只有当你全面掌握了所推销产品的情况和知识，才能对说服客户增加把握、增强自信心。

例如，现代高档家用电器的功能越来越多样化，结构也越来越复杂化，因而对店面推销也提出了越来越高的要求。客户往往要向销售人员或营业员问清楚后才决定是否购买。而许多客户的询问被"请看说明书"等话语拒绝了，结果顾客也只能是拒绝购买。

客户的购买决策，常常取决于销售人员对产品信心的坚定程度。当销售人员对本企业产品深信不疑时，在产品性能优良的前提下，客户的购买决策则取决于销售人员对产品知识的把握程度。某微波炉厂门市部的一位销售人员，将产品知识和自己在大学学习的机电知识结合起来，在向客户介绍产品情况时，把微波炉的内部结构、技术性能和使用注意事项等说得明明白白，客户听得心服口服，迅速做出了购买决定。

在熟知产品情况的基础上，你还需要有喜爱向顾客解答的意向。喜爱是一种积极的心理倾向和态度倾向，能够激发人的热情，产生积极的行动，有利于增强人们对所喜爱事物的信心。销售人员要喜爱产品，也要喜爱服务。

作为一种职业要求和实现推销目标的需要，销售人员应当自觉地、有意识地逐步培养自己对产品的兴趣，力求对所推销产品以及与其相关的各项信息做到烂熟于心。

为客户的服务“打包”

有许多做推销工作的人员，干的时间不长就很狼狈地走人了，为什么呢？因为他们缺乏长远的眼光，他们在一次推销成交之后就以为推销活动也就结束了，但顾客显然不这么认为。顾客不喜欢那种“恭维他们给他们各种承诺，然后遗忘他们”的玩一锤子买卖的推销员，这些推销员留给顾客的正是这种印象。交易完成之后，顾客对推销员又恢复了像一个陌生人的感觉，这只会引起顾客不满。

顾客在购买产品后的使用过程中，同样会对产品的有关问题提出意见，对此推销员应给予足够的重视。那种“货已出门，概不退换”的做法既损害了顾客的利益，同时也损害了企业的形象，也断送了自己的推销生涯。

在推销活动中，顾客对推销服务的不满大致有以下原因：推销前未能向顾客提供足够的企业信息和产品信息；推销中的服务内容、服务质量不能令顾客满意，例如，没有及时提供样品、说明书及耐心细致的产品演示等；推销后的服务中，如顾客所需的信息、运输、安装、调试、指导使用、维修以及技术培训等，未能及时跟上，甚至毫无保证。

推销服务是整个推销活动中不可或缺的、极其重要的组成部分。在购买商品时得到热情周到的服务是顾客的普遍心理，所以推销服务具有重要而深远的意义。一个推销员在直接或间接地提供服务时，它的质量高低，不仅关系到是否能做成一笔买卖，而且关系到整个企业的信誉。

推销员的低劣服务，往往会导致顾客不满，从而使企业丧失利润，而且更重要的是使企业丧失了市场竞争能力，给企业带来巨大的损失。

那么，怎样才能让推销服务为自己争取订单呢？为客户的服务"打包"是一个有效手段。

这需要在销售工作中制定出一套详细的服务标准，以此来促进员工对顾客进行规范化、标准化服务。制定服务标准应从顾客的需求出发，以优质服务为准则，准则应尽量具体，以便员工执行。

海尔的"12345"法则：1个证件，上门服务要出示上岗证；2个公开，公开统一收费标准并按标准收费，公开出示维修或安装记录单并在履务完毕后请顾客签署意见；3个到位，服务后清理现场到位，通电试机演示到位，向服客讲明使用知识到位；4个不准，不准喝顾客的水，不准抽顾客的烟，不准吃顾客的饭，不准要顾客的礼品；5个一，递一张名片，穿一双拖鞋，自带一块垫布，自带一块抹布，赠送一件小礼品。

服务标准必须让员工理解并接受，这样更便于执行和落实。因此，商家可以发动员工参与制定服务标准，这样可以获得员工的支持和理解。一般认为，评价服务质量主要有以下标准。

1. 可行性

服务标准要既切实可行又有挑战性。如果商家制定的服务标准太高，员工无法达到，员工就会产生不满情绪；如果标准过低，又无法促使员工提高服务质量。既切实可行又有挑战性的质量标准，方能激励员工努力做好服务工作。

2. 感知性

通过商家为顾客提供的各种设施、设备，及服务人员的仪表等这些真实、可见的部分来使顾客感受到服务的实质。这些有形的展示会直接影响到顾客对服务质量的感知。

3. 可靠性

可靠性指商家应兑现自己所承诺的服务。在服务过程中，尽可能避免发生失误，应以优质的服务获得顾客认可。

4. 保证性

主要指服务人员的友好态度与胜任能力。服务人员较高的知识技能和良好的服务态度，能增强顾客对服务质量的信任度和安全感。在服务产品不断推陈出新的今天，顾客同知识渊博而又友好和善的服务人员打交道，无疑会产生更多的信任感。

5. 移情性

指商家和服务人员能设身处地为顾客着想，努力满足顾客的要求。这就要求服务人员有一种投入的精神，想顾客之所想，急顾客之所需，对顾客的需求千方百计地予以满足，给予顾客充分的关心和体贴，使服务过程充满人情味。

总之，为服务打包，胜过为产品打包。

周到的服务打造“铁杆用户”

就像世界上没有十全十美的人一样，也没有完美无缺的产品。因此，产品的销售服务是必不可少的，保证让客户购买的是产品，保证客户成为铁杆用户的是服务。

曾有一家计算机公司的销售代表接到一个重要客户的总工程师的电话，说其总部的电脑出了问题，让销售代表尽快解决。这个总工程师是一个非常重要客户的采购设备的决策人。他年轻有为，很少与厂家打交道，这次主动打电话说明问题一定是很严重的。销售代表答应客户第二天上午十点以前去见总工。

时间已经是下午五点了，销售代表立即打电话到客户服务中心要来客户的服务记录，发现客户已经从其总部投诉过来了，而且公司已经上门进行了维修。第一次没有解决问题之后，公司又从合作单位请了一名专家到客户现场，维修工程师判断是客户的电脑需要升级。客户并不同意维修工程师的观点，因为以前采购的电脑配置更低也没有问题。销售代表也判断不出到底原因在哪里，但是维修工程师告诉销售代表只要客户肯升级内存，问题就一定可以解决。销售代表又打电话到客户那里，询问了情况。销售代表与相关的人约好第二天十点三十分举行一个电话会议。

销售代表将维修记录都准备好、计算好需要升级的费用之后才离开了公司。第二天，销售代表准时来到客户的办公室。

总工刚介绍完情况，销售代表就将维修记录拿了出来，并简单介绍了己方的观点以及与分部之间的分歧。接着，销售代表与客户服务中心的维修工程师、客户一起通过电话讨论了情况。客户服务中心的工程师与客户之间对于谁应该承担责任还是存在分歧，但是客户服务中心承诺：只要升级内存，问题就一定可以解决。总工一直仔细地听着，几乎没有插话。电话会议一结束，他就向销售代表询问升级的费用，销售代表拿出准备好的报价递给他。总工扫了一眼数字，简单确认了一下，立即表示他们愿意即刻升级电脑。

后来，客户告诉销售代表："出问题是难免的，而且有时很难搞清楚原因和责任。本来我是请你来讨论维修问题的，没想到你已经将问题搞清楚了。我看到你们很认真而且效率很高，态度可嘉。因此我就很痛快地同意支付升级费用了。而且升级费用非常合理和公道。"客户对这家公司的服务赞不绝口，后来一直使用他们的电脑。

一般而言，销售时除了销售的产品以外，服务的态度与专业的能力是最重要的。现代社会越来越讲究服务品质，所以在相互竞争中，除了商品价格的竞争以外，就是贴心的服务了。更多更好的售后服务，不仅会增加客户对产品的信心，还会吸引客户第二次消费与主动推荐。所以说，在销售中，具备完整而热诚的服务品质是业务拓展最重要的一环。

有些销售员对客户服务工作存有这样一种错误的观念：我的工作是说服客户签署订单，为客户提供服务的工作应该由企业中专门的客户接待人员或者售后服务人员来承担。之所以说这种观念是错误的，是因为随着经济的发展和社会的进步，现在的消费者要比过去的消费者更加精明和理智，在购买过程中获得更优质的服务已经成为他们的迫切需要。更何况，竞争形势也在日趋激烈，如果你不能为客户提供更优质的服务，客户就不会感到满意，从而将导致你的销售以失败告终。

可以这么说，如果销售员在销售产品或服务的过程中忽视客户服务的作用，客户在购买过程中感受不到除了产品或服务本身作用之外的任何价值，那么一旦竞争对手提供更好的服务时，客户马上就会把目光投向竞争对手。而继续开发新客户需要花更多的时间和精力，最终，你将因此而遭受成倍的损失。

那么如何留住客户，并让我们的客户第二次再来消费呢？下面这个案例可能会给大家一些启示。

甘道夫是全球唯一一位年销售额超过10亿美元的人寿保险代理人。他刚开始从事保险时就曾暗暗发誓，一次成交，终生服务，他每年都要跟踪拜访所有客户一次，他确实也这么做了。

有一位大学生从他那里买了一万美元的人寿保险，后来毕业当了兵，甘道夫又卖给他一万美元的保险。后来他去了佛罗里达，在州参议院任侍从。甘道夫仍然坚持一年至少跟他联系一次。

有一次，在州参议员的家庭鸡尾酒会上，一位客人惊厥病发作。这位侍从曾受过心脏复苏训练，救了他的命。而这位病人又恰巧是全美首富之一。出于感谢，这位商人邀请这位大学生加盟他的公司。过了几年，这位商人打算借一大笔钱投资房地产。这位侍从马上拨通甘道夫的电话："甘道夫，我知道你的保险业做得很大，能帮我老板一个忙吗？"

"什么事？"甘道夫问。

"他要贷款2000万搞一个房地产项目，你能否帮他与你的客户搭个桥？"

"可以。"甘道夫回答。

不久，甘道夫设法帮商人贷到了款。商人为感谢甘道夫，邀他到自己的游艇上去做客，做客的时候，甘道夫卖给商人2000万美元的保险。

总之，使销售业绩得以攀升和持续的关键是售后服务，后者才会永久地吸引客户。你的生意做得越大，你就要越关心客户。在品尝了成功的甜蜜后，最快陷入困境的方法就是忽视售后服务。为客户服务时要超越产品的界限。销售，只有起点，没有终点，是一个连续的活动过程。成交并非万事大吉，而是下次销售活动的开始。在成交之后，销售员要向客户提供服务，以努力维持和吸引客户。

第三章

把顾客当做朋友

——照顾朋友的生意是惯常的道理

尽管在生意场上有“认钱不认人”之说，但是，在生意场上“人情生意”就从未间断过，事实上推销员在推销时与顾客所谈的内容也并不纯粹是价格、数量、包装、质量等话题，最多的内容是聊天，交流感情，在很多情况下，大订单就是在双方通过交流而成为了朋友的情况下签定的。事实上，照顾朋友的生意是人之常情。

把客户当做朋友来对待

推销员在推销的过程中，做好对顾客的前期说服工作非常重要，只要做到了能让客户听你说，交易就成了一大半。在此，我们可以采用“出主意式成交法”，通过游说实现赢单。

顾客思义，“出主意式成交法”是替客户出主意或进行参考意见，让客户感觉到你是在为他做事，使他不断然拒绝推销，最后达到成交的目的。把握好这个技巧，重在把话说到客户的心坎里，让他们自己主动成交。

有一次，日本的保险推销大王原一平的朋友替他写了封介绍信，介绍他拜见一家建筑公司的年轻经理。这位年轻的经理瞄一眼他带来的介绍信，说：“如果你想谈的是保险，我可没兴趣。”

对于经理断然拒绝的态度，原一平很想进一步了解，所以大胆问了这样一个问题：“山田先生，你是怎样开始投身于建筑界的？”

因为原一平是朋友介绍来的，对此，山田并没有拒绝，他对于自己的创业史整整谈了三个多小时。后来他的女秘书进办公室请他签份文件，才中断了一下。

过了一会，山田说：“你希望我做什么？”原一平回答：“想请你回答几个问题。”于是，双方展开了问答。

当原一平离开他的办公室之前，已很了解山田先生——他的希望、雄心和目标。在访问他的过程中，山田曾说：“真搞不懂，我怎么会告诉你那么多有关我自己的事，我从来没有对任何人说得这么多，包括我的妻子。”

接着，原一平向他道谢，并告诉他自己要对他所说的话做点回馈。两周之后，原一平替他拟了份计划书，其中包括其事业、公司的未来发展。

看到计划书，山田大吃一惊，就像他的智囊写的一样，对原一平深表感激，并且采纳了他的部分建议，不用说，这第二次见面彼此之间的感情拉近了许多。

那天中午时分，山田要原一平跟他一起进午餐，原一平笑着说还有别的事，请求离开。山田笑了，开心地说："我们俩都成朋友了，这样吧，我保 100 万的人寿险，我公司的副经理保 100 万元的险，财务秘书保 25 万。"就这样，原一平轻轻松松地成交了。

总之，要让对方心甘情愿地掏钱，推销员要善于做好以下事情：

1. 明确客户未来的预期是什么

客户心里到底在想什么，他的需求是什么，或者他对公司的发展有什么战略设计，这些问题才是客户真正关心、在意的东西。因此，销售人员在给客户出主意的时候，一定要有这方面的考虑，并有独到的认识。需要注意的是，如果你的意见没有达到相应的高度，还是不说为妙。

2. 提供建议，以显示你是他的朋友

需要明确一点，销售人员给客户提供主意，应该是建设性的，把各种可能的设想告诉对方。或者，提供一种有明确指向的策略，供客户选择、判断。至于最后是否被采纳，并不是销售人员关心的问题。也就是说，销售人员不能越俎代庖，替客户拿主意。

3. 为客户的切身利益着想

销售人员累积了经验以后，见多识广，加上庞大的客户群，这些都为他们的见识、意识提供了无限可能性。所以，为客户出主意的时候，一定要用专业的分析来说话，不可掺杂个人情感因素，更不能为了私利从中牟利。只有做到这一点，客户才会接纳你，而不是处处提防你。

如果从心理上让客户接纳你的意见和建议，你必须站在客户的立场上想清楚几个问题，那就是我为什么要听你的？你的建议有什么价值？你的真正目的是什么？作出合乎商业规范的建议，并能够被客户接纳，才会有成交的可能。

善于与客户建立友谊

在生意场上近年流行一句口头禅：先做朋友，后做生意。在心理学上，这被称之为“友谊因素”，即客户不会从你这里购买产品，除非他深信你是他的真朋友，你会真诚地为他着想。与尽可能多的客户建立良好的情感关系，是你成功实现销售的不二法门。

客户会从自己喜欢的人那里购买东西，这一点是其他因素达不到的。

推销大王坎多尔福曾说过：“推销工作98%是情感工作，2%是对产品的了解。”让客户喜欢上我们，与客户建立良好的情感联系，是作为一名优秀的销售员的必由之路。

有一位推销员经常去拜访一位老太太，打算以养老为理由说服老太大购买股票或者债券。为此，他有空就找老太太聊天，陪老太太散步。过了一段时间后老太太就离不开他了，还常常请他喝茶，或者和他谈些投资方面的事。

不幸的是，不久老太太就死了，这位先生虽然没能在她身上做成生意，不过也是一场交情，所以他仍然坚持前往参加老太太的丧礼。当他抵达会场时发现，做为竞争对手的另一家证券公司竟然送来两只花圈，他感到很奇怪：“这究竟是怎么回事呢？”

一个月后，老太太的女儿到这位先生服务的公司拜访他。原来她就是另一家证券公司某分支机构的一位经理的夫人。她告诉这位先生：“我在整理母亲的遗物时，发现了好几张您的名片，上面写着一些十分关怀的话，我母亲都一直很小心地保存着。我母亲去世前也谈起过你，说与你聊天是她最后生命时光里的一大快事，因此今天我特地前来向你致谢，感谢你曾陪伴她度过这么快乐的一段时光。”

老太太的女儿深深地鞠了一个躬，眼角还噙着泪水，又说：“为了答谢你的恩情，我瞒着丈夫向你购买了贵公司的债券……”然后拿出30万元现金，请求当场签约。

是什么原因促成了这项大单，是友情。

所以，在与客户打交道的过程，你应该做的很重要的事情就是拉一条情感联系的纽带，与客户交上朋友。作为一位职业销售人员，你的工作是向客户表明你很关心他们，并愿意为他们的最大利益着想，进而把他们争取到你这边来。

林风所住的社区内有几家小超市，一天他去一家不是离他家最近的超市买毛巾，超市老板娘顺口问了句：“怎么不是你爱人来买呀？”

林风也顺口回答说：“她生病了，已经几天没上班了。”

当天晚上，有人按门铃，一开门，竟是那家超市的老板带着一篮水果来探病了。

这让林风很不好意思，于是这家超市成了他们俩口儿的购买基地了。

其实，销售员在与客户打交道的过程中，与他们建立情感关系，让他们成为朋友的方式有很多种。比如关心客户的职业发展、生活，甚至是其家人，还可以帮助客户解决问题，赠送小礼品等。

不管用什么方式，真心真诚地对待客户是根本。我们用真心换得了客户的真心，他们成为我们的朋友，日积月累，我们的朋友遍布天下，我们的销售也就越来越顺利了。

让顾客觉得不掏钱就有点对不住你了

客户希望用最少的钱还要买到自己用得上的东西，否则他是不愿意掏钱的。

对于这种情况在不超越销售底线的情况下，销售员可以酌情处理客户的具体要求，比如价格上的问题，或者在售后服务条件上。如果客户提出的条件超越了销售底线，那么不妨重申产品价值，让客户知道购买产品绝对是物有所值，或者是从其他方面弥补客户所提出的不能答应的购买条件，让客户获得想要的满足。

吕方是一家文具店销售员，每次遇到家长带孩子来买文具的时候，吕方都能把大人和小孩招待得心满意足。文具店最经常遇到的情况是大人和孩子的意见不合，孩子看上的东西，大人觉得不划算，小孩子就要哭闹。在这个时候，吕方总是能够妥善处理。

“妈妈，我要买这个。”妈妈带的小姑娘举着一块米奇老鼠的橡皮。

“你不是已经有橡皮了吗？”

“可是，美妮一个人太寂寞了，我要买一块米奇给她做伴。”小姑娘的理由让妈妈哭笑不得。

“好吧，好吧。”妈妈答应了小姑娘的请求。

小姑娘高兴坏了，在店里穿来穿去。

“你好，请给我10个算术本。”小姑娘的妈妈对吕方说。

吕方拿出本子，这时小姑娘又兴奋地冲到妈妈的身边拉妈妈的手，“妈妈，妈妈，快来看。”

“又怎么了？我们不能再买东西了，你什么都有。”

“快看！”可是小姑娘还是把妈妈拉到一个玩具型小火车铅笔刀面前。

“妈妈，我想要这个。”

“不要，放在书包里太重了。”

“那我放在家里好吗？”小姑娘又哭又闹就是要玩具型的小火车铅笔刀。

“你要米奇老鼠橡皮呢，就不能要这个，要这个就不能要米奇老鼠橡皮。”

“不嘛，我就是两个都要嘛！”小姑娘耍起脾气来，妈妈的脸色很难看。

“那就两个都不买了！”妈妈生气地说。

这时，小姑娘干脆躺在地上不起来。

“好了好了，小姑娘，不哭了好嘛？阿姨把这个橡皮擦送给你，乖乖听妈妈的话好吗？”小姑娘被吕方抱起来，擦干眼泪。

“这，怎么好意思呢？”

“没事，小姑娘喜欢嘛，不过小女生可不兴在外面满地打滚，羞羞。”吕方刮刮小姑娘的鼻子，小姑娘说笑就笑了。

“就是，吕方阿姨给你橡皮，妈妈给你买小火车铅笔刀，下次不许这样了，知道吗？”小姑娘的妈妈也弯下腰来抱小姑娘。

“妈妈最好了。”小姑娘扑进妈妈的怀抱，“下次再也不这样了。”

客户在购买时，有时心里是比较复杂的，有时是买也行，不买也行，但迫于某种情结，只能是买。这个案例中的母亲的预算有限，销售员遇到这种情况，只是在不影响产品利润的前提下，赠送了一块橡皮，但这一举动会让顾客觉得自己不买点东西对不住对方，于是就在可买可不买的犹豫中掏钱了。

任何一样产品被生产出来，自有它的用处和需求。只有想不到，没有用不到。客户很容易为一样产品的优点所吸引，尽管也会有一些原因让客户无法作出购买决定，但是客户的消费欲始终是存在的，因此可以利用小优惠来帮助客户释放消费欲，然后促成购买行为。

用服务实现利润

服务到位才能实现利润目标，最能体现这一结论的行业是零售业。

零售业从历史中走来，现在已经是星光灿烂，它是由许许多多零售商构成的行业大军，已经成了流通产业的基础。它不单单提供商品，还提供服务，服务是一个庞大的系统，它突出了一个“情”字，是社会和谐的一个特征。

正是由于零售业的兴盛和繁荣，才有了我们现代大都市，它是都市里流动着的一股血脉，也是乡村里的一道亮丽风景。因为零售业是由多业种、多业态、多种经济形式所构成的，在社会中担负着促进生产、繁荣市场和满足消费者多方面生活需要的繁重任务，因此我们说零售业情系着厂家与顾客。

零售业的主体是商人。没有商人，就没有商品交换和商品流通，厂家生产出的商品也就很难实现商品的使用价值。商人又是以广大顾客需求为中心的一种商业活动。因此，商人所经营的商品和提供的服务必须用来满足顾客的需要，这样商人才能获得利润，而一旦商人获得利润，厂家才能生存和发展。

因此我们可以说零售商代表着双重利益，一方面它代表着厂家的利益，替厂家销售商品，并采取各式各样的促销手段来销售，这样不但能扩大商品的销售数量和市场份额，还实现了自身利益，为厂家创造了价值，并以自身的努力，支持和扩大了厂家的生产发展。另一方面，它又代表了顾客的利益，主要体现在与厂家讨价还价，严把质量关，尽可能购进价廉物美的商品，以维护顾客的利益。

作为零售商来说，职能之一就是组织货源，首先要先买后卖，买成为起点，而卖是它的最终目的。零售商要从当地顾客实际需要出发，要根据不同业态的经营范围，向厂家、供货商或批发市场进行分批采购，进行商品的有机组合，再销售给最终顾客。这期间就涉及到服务项目，可见，商业是以服务而存在，又为服务而发展的，因此提高服务水平，追求服务质量，扩大服务范围，拓展服务领域都是一种情感的投入，这不但体现在销售过程中，而且更体现在售前和售后服务中。另外还要考虑为顾客提供宽松、舒适的购物环境。要让顾客走进门店购物时，有一种休闲、娱乐的感觉，在消费时也会感受到时尚和生活气息。

懂得了这一点，我们就能调动感情开好自家门店，就会吸引更多的顾客光顾店门，购买商品。

待顾客像朋友，他会回报你的好意

买卖双方是利益上的一对矛盾体，但双方也都深谙“来而不往非礼也”之道，当一方以某种让步的方式带给了对方利益，对方也同样会想着以其他的方式偿还对方的这份人情。对于销售人员而言，如果把人们这种“不吃免费午餐”的心理运用到销售过程中，照样是行得通的。在销售员和客户的走动联系中，只要销售员切实地帮助过客户，为了偿还人情，顾客自然会购买你的产品。

如果你试图从客户那里得到些什么，不如先想想怎么为客户付出点什么。毕竟买卖过程里，处于买方的顾客是占据主动权的。而销售员对客户的付出，正是和客户分担主动权的一个过程。本来买与不买全在顾客是否愿意，可一旦销售员帮助了顾客，那么在潜意识中客户会想到：“得买他的东西，不然跟我欠他似的！”这就是一种报恩思想的体现。

帮助客户，这是一个互惠互利的过程，或许在销售员帮顾客的那一刻，顾客并未来得及还人情。这时候，销售员就得把顾客的回报看得淡一些，不必要较真。也许当时的条件和机会不允许顾客马上回报销售员的好意。销售员此时保持一颗平常心，则更能让顾客记住这份人情。将来条件允许，顾客肯定会还给销售员一份大人情。

一位姐姐带着自己的小弟弟走进一家服饰店。

销售员主动搭话说："你好，小姐！需要点什么？"

姐姐说："我先看看再决定。"这时，她的小弟弟吵着要出去，怎么哄都不听话。

销售员说："小姐，这样吧，我帮你看着小弟弟，你一会看完了再来接。"

姐姐说："这多不好意思啊！"

"没关系的，小弟弟这么可爱，挺招人喜欢的。"

听售货员这么说，姐姐谢过之后就去挑选自己要买的衣服。

就在这一过程当中，这位姐姐由看变成了购买。

无疑，销售员的成功之处，在于帮顾客看护了弟弟，从而能让顾客安心购物。而这位顾客因为有了售货员的帮助，对销售员产生好感的同时，内心也产生了报恩心理。作为顾客，回报销售员对于自己的帮助，最好的办法当然就是照顾销售员的生意。所以，让顾客产生报恩心理，有时候不必销售员开口，买卖自然就做成了。

一位销售员敲响了一家居民的房门，开门的是位中年妇女。

销售员自报家门："你好，我是女士用品的销售员。最近我们公司生产了一种新型的女士用品。不知道你有没有兴趣试用一下？"

"现在没兴趣，没看见我这儿正忙着嘛。"主人不耐烦地说。

说到这里，销售员听到屋内传来了孩子的哭闹声。销售员问道："你是不是遇到什么难事了？我能帮上忙吗？"

女主人告诉他："我儿子刚才把水杯弄洒了，开水烫着他脚了。我正不知道该怎么办呢，他疼得不让人碰，又去不成医院，急死了。"

销售员抓住这个机会对女主人说："我的专业就是护理，或许我可以帮你看看。"

对于一个陌生人，这位女士虽说有所防范，但听说他学过护理，就让他进来看看。果然在销售员细心的劝导下，女士的儿子逐渐安静了下来。销售员又给小男孩简单处理了一下烫伤，好在伤得并不严重。女士非常感谢销售员，而销售员的产品，女士当然也很乐意地购买了。

销售过程中，当遇见有困难的客户时，你向客户伸出一只援手，帮助他解决一些实际问题，也许顾客还给你的，将比你的最高希望还要多。其实你在帮助顾客的同时，也是在帮自己。

凡是受到他人恩惠、帮助的人，本能地会产生一种"还人情"的反应。让顾客产生报恩心理，无非就是期望得到帮助的客户能够回报自己。这其实就是一个心理博弈。最后的胜利者一定是那位占据心理优势的人。若想掌握顾客的心理，不但要注意观察，还要善于利用机会争取。

先做朋友，后谈销售

与一些老业务员们交流销售实践，他们表示：自己一般情况下不会向不认识的推销员订货，而是选择熟悉或者是已经成了朋友的推销员去交易，这样会稳妥一些。

优秀的销售员明白，在与客户做成朋友后再做生意，这样你想卖出什么都变得轻而易举了。实际上，这是一条稳拿订单的有效途径。

一位曾经长期与日本商界打交道的德国商人说："同日本人做生意，从商务谈判开始，很像两个相扑手，在角逐前面对面地对峙。他们先要十分礼貌地相互行庄重的、绝对必要的屈膝礼，然后再搞一套烦琐的仪式，向每个角落撒盐，多次鞠躬，作出表示敬意的各样动作……他们在进行自我准备的同时，相互不断地注视对方，调整呼吸，聚积力量。当双方确认已作好了充分准备之后才猛地向对方扑去。”

德国商人生动地道出了日本商人谦恭有礼背后的精明、独到和老练之处。被誉为“人际关系专家”的日本人，他们的笑脸相迎和彬彬有礼，就能达到“以礼求让，以情求利”的目的。

因此，在洽谈生意时，要学会与对手友好沟通，联络感情，成为朋友，从而使交易变得顺利和成功，达到预定的目的。

王强所在的公司委托一家公司加工生产汽车零件，因原材料价格上涨了一倍，这家公司提出汽车零件工价也要上涨一倍。王强受命与这家公司谈判。

王强和对方进行了多次谈判，但对方立场坚定，态度强硬，任他磨破嘴皮，对方就是不改初衷。

在这种陷入僵局的情况下，王强暂时停止谈判，邀对方吃饭，一起旅游。在旅途中，双方没有谈及任何有关谈判的事，而是进行感情交流，只谈一些无关的话题，几天下来，双方成了无话不谈的好朋友。

当再次坐到谈判桌上的时候，对方作出了让步，对王强说：“咱们已经是好朋友了，我们是不会让朋友吃亏的，你定个价格，我签字就是了。”结果一件相当棘手的谈判圆满解决了。后来，两家公司一直有生意往来，互惠互利，合作得很愉快。

寻找对力感兴趣的话题或是满足对方情感方面的某种需要，就能赢得对方的好感，与对方交上朋友，这是谈判取得圆满成功的一条捷径。

对于所有的销售员来说，要想从容地从客户那里拿到订单，就必须先和客户成为朋友是个有效的方法。如何才能跟客户成为好朋友呢？先放下生意，放下双方都争取利益的争执，放松一下彼此的情绪，联络一下感情，从客户感兴趣的事情入手，和客户谈论其最喜欢谈的事情。想多拿订单，就必须多花些心思去了解客户的爱好和兴趣。当你在这上面找到了切入点，你就能和客户成为朋友。当你和客户建立起了彼此珍惜的好朋友关系后，你的生意就会很好做，订单就会很好拿。

第四章

让顾客感受到自己是受益者

——少花钱是顾客永恒不变的追求

可以肯定地说：每位顾客都有一种想占便宜的心理，只要是有利可图的交易，他们多数愿意做，即使是一些他们不需要的商品，如果不是因为质量原因打折或在原价上馈赠一些小商品，他们都会蜂拥而至。推销时只要认识到这一点并有效地采取各种方法，一定能吸引顾客使其最终下决心购买。

让双方都得到实惠

销售人员与客户之间虽然是一买一卖，但目标是一致的，即交易实现双方都满意，因此要坚持共享的原则。如果一单生意只有自己赚，而对方一点不赚，这样的生意一定做不成。因为，生意人应该利益均沾，这样才能保持久远的合作关系。相反，光顾一己利益，而无视对方的权益，只能是一锤子买卖，自己将生意做断做绝。“有钱大家赚”，这是香港大亨李嘉诚不变的原则。他在利益共享方面十分慷慨，赢得众多追随者，这使他很有人缘，生意越做越大，越做越容易。

在香港地区，董事长每年会从利润中拿出一定比例来奖励董事会成员，称之为“袍金”。李嘉诚出任十余家公司的董事长或董事，所得“袍金”有上千万港元。但是，他把所有的“袍金”都归入长江实业的账上，自己全年只象征性地拿5000港元。

事实上，这5000港元还不及一名清洁工在20世纪80年代初的年薪。李嘉诚在董事“袍金”上的做法，成为香港商界、舆论界的美谈。

难能可贵的是，李嘉诚每年放弃数千万元“袍金”，主动把利益和大家一起分享，而不是独吞，获得了公司众股东的一致好感。爱屋及乌，大家自然也信任长江实业的股票，甚至出现了这样的情况，李嘉诚购入其他公司股票，投资者就会主动跟进，成为投资界的一道风景。

俗话说，有福同享，有难同担。销售人员在工作上干出点名堂，小有成就，当然是值得庆幸之事。但是，你不能忘了客户的合作，以及团队背后的支持。并且要牢记，真正享受利益的时候必须给客户让利，这样才能在以后的日子里更有甜头。

方达是一位年轻有为的业务员，在一家公司担任销售代表。业绩不错，老板也很看好他。

有一次，朋友给方达介绍了一个重要客户。接触了一段日子以后，双方交往非常顺利。不久，方达就签了一个大单。这是他任公司销售代表以来签下的第一笔大单子，方达好像中了大奖，感到十分荣耀，逢人便提自己的努力与成就，同事们当然也向他祝贺。

也许是高兴地过了头，方达只顾自己享受胜利果实，忘记了给客户分享一部分红利。过了个把月，那位客户对他明显没有以前那么上心了。等方达再去努力跟对方沟通的时候，客户似乎总是有意无意地和他过意不去，并回避着他。

此外，在以后的日子里他再也没有从对方那里拿到大单。方达为什么会遇到这种结局？其实原因简单明了，他犯了“独享利益”的错误。就事论事，这个单子之所以能签下来，方达的确做了很多工作，他当然也应分享这份利益。但是他没有给客户——另一家公司的业务代表分享红利，对方自然会疏远他。

显然，一个人如果总是喜欢吃独食，最后只能是众叛亲离，无法赢得信任与支持。

这种私利太重且目光短浅的人是成不了真正的推销行家的。自然也无法做出更大的销售业绩。一个优秀、有远见的销售人员必须能做到：

1. 照顾到客户的利益

在生意中抱着“与人分利则人我共兴”的态度，与客户双赢，才有进一步做大做强、掌握竞争主动权的可能。利益一致，既是一种胸怀，也是一种商业策略。做事之前先给合作者一个利益的激励，客户才会干得有劲，而自己的利益也就尽在其中了。

古语说，天下熙熙，皆为利来；天下攘攘，皆为利往。千百年来，做生意就是为了赚钱是天经地义的事，没有利润的事情谁都不愿去做，但有利的事又不能独享，这是做生意的规则。与人合作时要善于分享，分配利益的时候要善于让，才会有更大的舞台。

2. 懂得主动让利

试想一下，在一项业务合作中，如果双方都拿50%的利润，这个活动可以很好地进行下去，因为双方都感觉到自己的50%是应该拿的。但如果一方只拿40%，而愿意把利润的60%让给对方呢？这样在短期内或许是吃亏，但从长远看呢？

答案不言自明，长期合作的收益远比一次合作的收益要高得多，有着良好的信誉，在行业中有几家关系稳定的合作伙伴，是事业立于不败之地的重要保障。对生意人来说，懂得让利，在利润分享上大方一些，才能赢得合作，让生意长长久久。

在今天这个时代，“利益独占”已变得越来越不可能，明智的做法就是“利益均沾”，这样才能保证你有永久的客户。相反，光顾一己利益，而无视对方的权益，只能是一锤子买卖，慢慢将关系做断做绝，最后弄得无人理彩。

抓住客户占便宜的心理促成销售

用尽可能低的价格来达到自己的购买目的是大多数客户的消费心理，这种占便宜的消费心理决定着大多数顾客的购买行为。顾客的这种爱占便宜的心理正是商机所在。也就是说，如果你能让顾客有占便宜的感觉，那么顾客就会购买你的产品或服务。

古时候，有一个店铺，铺里有一件珍贵的貂皮大衣，一直挂了两个月，都没有卖出去。因为价钱太高，要三百两银子，人们只是问问价钱就摇头走开了。

后来，店里新来了一个伙计，自称能在一天之内把貂皮大衣卖出去，要求掌柜的配合他的安排。他对掌柜的说，不管谁问这件貂皮大衣多少钱，一定要说五百两银子。

商量好以后，掌柜的在后堂算账，伙计在前面打点。下午，店里来了一位妇人，转了一圈后，看中了那件貂皮大衣，遂问伙计：“这衣服多少钱？”伙计假装没有听见，只顾忙自己的，妇人又加大嗓门问了一遍，伙计忙道歉：“不好意思，我耳朵有些背，我是新来的，不知道这衣服多少钱，我问一下我们掌柜的。”说完就冲着后堂喊：“掌柜的，那件貂皮大衣多少钱？”掌柜答：“五百两！”伙计又问了一遍。掌柜又答：“五百两。”妇人听得真真切切，心里觉得太贵，不打算买了。这时伙计憨厚地对妇人说：“掌柜的说三百两！”

妇人认为肯定是小伙计听错了，心想自己少花二百两银子就能买到这件衣服真是占了大便宜。顿时心花怒放却又害怕掌柜的出来就不卖给她了，于是连忙付了钱就匆匆离开了。店伙计正是利用妇人占便宜的心理，成功地把貂皮大衣卖了出去。利用顾客的这种心理，适时地表现大方一点让顾客感觉自己占了便宜，会获得意想不到的销售效果。

从这个例子看商家似乎是有欺骗行为，但真实的情况是他们出售的就是实际价格，并未向客户多收钱，当然，这是推销员要掌握的原则，要做的是：

1. 掌握客户的心理价位

每个客户都有占便宜的心理，但是又不愿意平白无故地占便宜。如果商品价格超出了客户的心理价位，交易很难完成；如果低于客户的心理价位，客户又会对质量产生怀疑。所以把握好客户的心理价位很重要。如果你能在提高客户心理价位的基础上，让对方感觉占到了便宜，你的销售就会变得很顺利。

2. 用优惠活动刺激消费

优惠活动是推动销售最有效的方法之一。商场里的“买一送一”、“大酬宾”等活动就是利用了顾客“爱占便宜”的心理。从心理学上来讲，顾客在外界压制下产生强烈心里不平衡时，容易不理智地采取行动。也就是说，顾客在一种“在做活动的时候买会省很多钱，以后买就亏了”的焦虑下，会强迫自己主动购买。当然，这种活动也不宜太频繁，否则会适得其反。

贪图便宜是人们常见的一种心理倾向，物美价廉永远是客户追求的目标。大多数客户不会在产品的真实价格上追根究底，只要让顾客觉得自己占了便宜，他们就会心甘情愿地掏钱购买。

让客户花最少的钱买到最满意的东西

爱逛街的人经常会看到商场、超市销售打折商品。打折的商品也的确吸引了不少顾客前去购买，因为他们认为商品打折了就意味着降价了，买着便宜，其实，商家搞的这个活动正是在利用客户爱占便宜的心理。

客户在这种心理的驱动下，花钱不仅仅给他带来满意的商品，更给他带来了心理上的愉悦和满足。

销售员应该懂得客户的这种心理，最好用价格上的差异来吸引客户，使客户乐意买你的商品，享受你真诚可靠的服务。

在很多世界顶尖级的销售员的法则中，利用价格的悬殊对比，使客户乖乖被“俘获”是常用的一种方法。他们会先在客户的心里设置一个较高的价位，或者在对方心里设置一个价格悬念，然后再以一个低价位同原来的高价位形成对比，这时候，客户会觉得：简直是太实惠了，我如果买了，可是占了一个大便宜，东西那么好，花钱也很少，真值！于是就很容易下决心购买你的产品。

有一次，美国著名推销员杰德森带着一份购买合同找到某公司的经理，他对经理说，自己手里的这份购买合同上都是贵公司急需的材料和机械备件，并说这个合同本来的价值是50万美元，而现在自己愿意以30万美元的价格转让给他。经理看了这份合同，认为杰德森要的价格太高了，因为这些材料的市场价格，他虽然不知道详细的，但大致是有所耳闻的，这样的高价是不能接受的，价格根本就不合理。杰德森只好悻悻地离开了。

过了一个星期，杰德森又一次前来拜访这家公司的经理，他先真诚地向经理表达了他的歉意，说自己上次介绍的开价50万，的确不合理，为此自己心里一直深感不安和愧疚，总想做点什么回报经理。他说自己在一个星期的时间里，仔细核对了材料的差价，现在确定了对双方都有利的一个合同，与那份50万的合同相比，材料不少，但价格却降到了最低，只收12万美元。请经理好好考虑一下这个方案。从50万美元到12万美元的价格落差，使经理喜出望外，同时他对杰德森先生的关心也深表感激。于是那位经理毫不犹豫地签字答应购买。杰德森就这样顺利地完成了这笔交易。

那么，杰德森赔本了吗？他有那么傻吗？他只是与对方玩了一把“价格落差”的游戏。

谁都喜欢花最少的钱，买更好的产品。所以，推销员不妨抓住客户的这种心理，给客户来个“价格落差”。

让客户觉得占便宜了

现在的客户对商家给出的产品价格是百分之百的不相信，为此，所有的人买商品时都要“砍价”。做为推销员，你必须给以理解，让他砍，砍够后卖给他，比如：

一位顾客在某商铺相中了一件衣服，一问价钱，居然是300多块。于是他“对半砍”。

“给150元。”

店主说：“唉呀，那可卖不起，这样连本钱都收不回来，不能让我关店歇业吧。这样，先生，看你也挺有诚意的，再加一点，我就算是给你带一件了。”

“这样啊，我最多出180元。”

“成！算交朋友了。”

这位顾客认为得便宜了。其实精明的商家也乐开了花，因为他绝对不会做赔本买卖的。

这就是成功的销售，因为它让买卖双方都觉得赢了。

作为一个销售人员，你应该很清楚，销售最终的目的是要达到一个双赢的结果，只有双赢才会对双方的合作有持久的吸引力。高明的销售员总能做到，当顾客离开时，你们两个人都高兴地感觉自己赢了。

当客户想出的价格跟你有些冲突时，那种奇迹般的双赢结果恐怕很少会出现。他想以尽可能低的价格买到产品，而你想以尽可能高的价格卖出产品。他想降低你的底线，来接近他的期望。

销售人员要做的就是，采取相互退让的策略，让你在谈判桌上取胜，同时又让客户觉得他也赢了。能否达到这种目的是衡量销售员水平高低的一个标志。两个销售人员也许遇到了两个情况完全相同的客户，两人都能以同样的价格和同样的条件成交，但是销售高手会让客户在心理层面上觉得他赚了，拙劣的销售员却会让客户觉得他赔了，从而滋生出心理上的不满。这样，第二天早晨客户醒来的时候会这样想："现在我知道那个搞销售的对我做了什么，可恶，别让我再碰上他！"可想而知，以后这个客户就这样流失了。

销售高手则会让客户觉得他赢了，从而让其心情愉悦。客户会觉得同这样的销售员在一起是愉快的，你们的合作是成功的，他在你这购买的商品是让他放心的，他会迫不及待地想再次见到你，并再次跟你做生意。

成交前让客户有砍价的满足感

在多数的消费场所，消费者与卖家都有讨价还价的余地，这正是市场经济的特点。而有一部分消费者，更是有习惯性的"砍价癖"，砍价成功会让他们很有满足感。对普通消费者来说，砍价成功也会让他们觉得自己买得比别人实惠。销售工作要懂得满足客户的这一心理欲求。

在销售当中，出现销售员与客户之间讨价还价的情况是很正常的现象。客户的钱都是辛辛苦苦挣来的，没有哪一个客户会不问价格、不问质量就痛痛快快地进行购买的。讨价还价是消费者正常的心理需要，目的是获得某种心理平衡。只有当客户在心理找到了这个平衡点后，他才会最终作出购买的决定。如果没有达到平衡点，客户就会和销售员进行议价，在你来我往的争论中找到双方都能够接受的方案，实现双赢。

不过，在心理上，人们都希望在与商家议价的时候能够得到更实惠的价格，因此，作为一名销售人员，在交易的时候千万不要急于求成，太快的交易只会让客户觉得自己给出的价位偏高，于是便觉得自己在这场交易中吃了亏，有时还会对产品的质量产生怀疑。如此一来，对买卖双方都不利。

过快地接受客户的要求并不能给销售员带来多少好处。举一个例子：

有一对夫妇翻看杂志时，中间的插页广告中一座古式的挂钟吸引住了他们的目光。

太太说道："你瞧，这钟多古色古香！若是挂在咱们家的走廊上或是大厅中，那就再好不过了。"

先生也表示认同："嗯，不错，我正想买个类似的钟挂在家中，只是不知道得要多少钱，广告中也没有标出价钱。"

经过寻觅，他们在本市的最大一个超市中看到了这款挂钟。太太高兴地说："就是它，就是这个！"

"还真是啊！"先生答道，"但是我们说好了，超过500元我们就不要了。"

于是先生问售货员这款钟多少钱，售货员说："500元。"这位先生说："我也不多说，这个钟我准备出个价钱，我不喜欢讨价还价，听着，300元，卖不卖？"售货员连眼都不眨一下，就说道："拿走吧。"

比预期少了200元，先生不但没有得意洋洋、沾沾自喜，他的第一反应是："怎么搞的，也许200元都能敲定。这钟必定有问题！"

当他提着钟走向停车场时，自己心里会想："这钟应该很沉才对，怎么这么轻呢？是不是次品？"

事实上一点毛病也没有，当钟挂在走廊时，看上去看美观，而且分秒不差。只是这对夫妻的心情却总是轻松不起来。为什么，就是这位销售员太痛快地接受了他们300元的出价。其实客观地说，这个价格对于那位销售员来说已经很低了，销售员一方根本没有赚到多少钱。不过这对夫妻却觉得自己上当了，买贵了，这就是人的心理在起作用。

所以面对客户，进行议价的过程中，要抬高你的门槛，不要那么容易就达成协议，要让客户感觉到你是在割爱，你是很不乐意地把这件物品卖出去的，你给出的价位已经是让自己利润薄得可怜的底线了。这样，他们在心理上才会有很大的满足感，才会感激你。要让你的客人觉得和你做生意的时候他们从你这里占到了一些便宜，心理上有了满足感，才会高兴地继续和你合作。

日本东京一家叫“美佳”的西服店，就是准确地抓住了顾客的这种想占更多便宜的购买心理，有效地运用折扣售货方法销售，获得了成功。

具体方法是：先发公告，介绍某商品品质价格等一般情况，再宣传打折扣的销售天数及具体日期，最后说明打折扣的方法，即第一天打九折，第二天打八折，第三天、第四天打七折，第五天、第六天打六折，以此类推，到第十五天、第十六天打一折。这种销售方法实施的效果是，前两天顾客不多，来者多半是打探虚实和看热闹的；第三、四天人渐渐多了起来；在打六折时，顾客像洪水般地拥向柜台争相抢购；以后连日爆满，还没到一折售货日期，商品早已销售告罄。

店家可能在为商品打五折的时候就已经赚钱了，但客户们的想法是：打六折自己就已经省钱了，但要等到店家打一二折时可能就抢不到了，于是就提前下手了，但这已经掉进商家为你挖好的陷阱里了！

对顾客的异议提供满意的答复

有些情况下，销售员对所销产品尽管做了耐心的介绍，可客户仍不肯签单，而是一再强调异议，这时，其背后原因则是客户的趋利心在作怪。

客户提出异议说明客户关注了产品，并且有一定了解。这绝对是一个好的信号。

提出异议也表明客户有想要了解的欲望。对异议的解决对销售员来说是推介产品的契机。

客户对产品的异议越多，销售员就能越多地了解客户的想法，从而找出客户的需要。销售员要学会聆听客户的异议。

客户开始越不满，结果往往令人越满意。客户的异议越多，越需要被满足，也有更多的机会被满足。

面对客户的异议，销售员应当仔细倾听。

乔治是一位十分优秀的销售员。但他经常说：每一个销售员都有自己的软肋。而精英销售的强大之处正在于此，即如何搞定自己的软肋。

乔治在做初级销售员的时候，主要工作是去公司的客户那里投递资料，接着过一段时间整理客户反馈信息，他总是在这个过程中努力与客户确定约见时间，并在这个接触过程中搞定客户。

“你好，露西小姐，看我们公司新生产的产品目录了吗？有什么合适的吗？彩色墨盒在新季度有很大的折扣优惠，很划算！”

听了乔治的介绍，对方阴沉沉地从电脑前抬眼看乔治，“不要，彩色墨盒不经常用，并且打出来得颜色效果并不是很好。”

“那可以换一款我们最新的彩色打印机，只要一台就够了，完全够你们对重要文件的彩色影印……”

“难道为了一个彩色墨盒，我们还得换一个打印机。”

“我只是提个建议。”

“那样太亏本了，不如我们买彩色墨盒，你们送打印机好了。”

乔治说：“要是这样，连我自己都赔进去了。”

“我真怕你们为了销售彩色墨盒再让我们换个打印机，所以我还是订你们的彩色墨盒吧。”

购买决定是一件很吃亏的事情，并且是为了避免吃更大的亏——换打印机。不管怎么说，乔治成功地说服露西买了他的彩色墨盒，之后，乔治暗暗决定自己一定要露西这样的客户发自内心地购买一件产品。乔治的公司是以做办公室耗材为主的，但是后来也开发了教学机一类的产品。

“你的儿子？”乔治在给露西送资料时，看到露西办公桌上摆着的照片问。

“嗯。”

“很可爱。上几年级了？”

“三年级。”

“成绩不错吧。”

露西没有回应，乔治继续说，“我这么大的时候，最讨厌的是历史，但是在我读完三年级的时候我发现我还是很喜欢历史的。”

露西看向乔治，乔治粲然一笑，“哦，因为我发现数学更讨厌。”

“哦。”露西竟然也笑了一下，“正好相反，我儿子的数学很不错。”

“哦，那很棒，真了不起，以后可以考虑进大学念金融。”

“但是他对化学不太感兴趣，我觉得都是理科，但他就是不感冒。”

“我可以理解你的担心。”乔治立刻说，“理科都是融会贯通的。”

露西点点头，这大概是她态度最随和的一次了，所以乔治不失时机地又问：“露西，你有没有想过为你儿子请家教呢？”

“哦，不，你知道，孩子每天在学校里待的时间越来越长，我不想再在额外的课余时间上压榨他。”

“不不不，我说的家教，不会让你的儿子觉得自己是在学习，而是寓教于乐。”乔治说着从包里神秘地拿出学习机的产品目录递给露西。虽然仍有些迟疑，但露西还是接过去了。

“别给别人看到，这个产品目录是公司让我送给商店和教育机构的，你知道零售价格可没大笔的订单价格便宜。”

乔治说完就装作有事，匆匆走了。大概不到两个星期，露西竟然主动打来电话让乔治去她的公司。

“嗨，乔治。”露西第一次主动招呼乔治。

“嗨，露西。”

“我在网上看过了，你给我的产品目录的确便宜许多。”

“哦，你知道，我给你的什么都是很划算的。”

“我是说你给我的学习机目录。”

“那必须的，那可是时下最新的产品了。”

“是这样的，我想要订一台，同时也不让你难做，我所在社区的几个孩子的家长都想要订购，你看……”

“完全没有问题，我还可以给你们集体打九折。”

就这样，乔治不仅做成了露西的生意，还从露西那里接到了好几笔订单。

乔治说：“做采购的后勤人员一定是很能计算的，我丝毫不怀疑露西这方面的能力。她非常重视自己的本职工作，在公家采购上就有很强的避害意识，而避害意识有多强，趋利心理就有多强。我给她所需要又很优秀的产品，又给她非常诱人的价格。只要突破了她的避害心理，她就一定会接受。”

如果说趋利性让客户提出异议，那么趋利性的反面，趋利心理又让客户作出购买决定。趋利性有多强烈，也就意味着趋利心理有多强烈。乔治就是从容地抓住了露西的这一点，在针对露西需求的销售基础上，让露西作出购买的决定。

适当地为消费者回馈一些小赠品

商家为了促销，如果拿出一部分利润换成赠品捆到产品上去销售，可以增加销售量，这也是广大商家惯用的主要促销方式之一。市场营销学家认为，这种促销活动的主要目的是促使消费者牢记商品名称，激发试用意念，并使顾客固定化和高回转化，这种促销手段实质上是针对提升销售的顾客爱占便宜的心理而设计的。

在美国，哈雷摩托车的消费者多是手头不很充裕，但是热爱兜风的年轻人。摩托车的销售旺季是室外活动活跃的夏季，冬季是摩托车的滞销期。每逢冬季来临，各地的摩托车经销商都为大量的库存而大伤脑筋。

为了刺激消费者在冬季购买，哈雷摩托车制造厂推出一个叫做“早起的鸟儿有食吃”的特价活动，借此告诉想要拥有摩托车的年轻人，不要等春天到来后才购买，冬天才是购买高级车种和各种附件的最佳时机，应抓住有利时机尽早购买。

哈雷摩托车制造厂除生产各式摩托车外，还生产各种摩托车附属品，例如皮带、皮靴、坐垫、安全帽、皮夹克、皮质旅行箱等，哈雷的主管希望这些附属品与哈雷摩托车一样，也尽早出清库存。于是，他们想出了早买摩托车早得摩托车附属品，买得越早得的越多、越贵的车种得的越多等方法，鼓励消费者尽快做出购买决定，其主要目的，不外乎就是希望增加摩托车的销售量及提高市场占有率，减少各地经销商的库存。促销的具体做法是，凡于1月份购买哈雷摩托车者，赠送价值800美元的附属品；于2月份购买者，赠送价值400美元的附属品。同时哈雷通过店面广告、邮寄广告、杂志广告以及所有精美图片的印刷品，大肆宣传此项活动。

由于赠品促销与各种媒体广告配合得当，引起了潜在消费者的高度注意与回应，季节性销售差异极大的哈雷摩托车即使在冬季也不再滞销。结果仅1月份及2月份，哈雷的市场占有率就由原来的30.8%增加到38.9%，在58天内，各地经销商共送出7000件摩托车附属品。

哈雷摩托车制造厂以手头不大充裕但又爱好运动和享受兜风乐趣的年轻人为促销对象，以摩托车附属品如皮带、皮靴、坐垫、安全帽、皮质旅行箱等为赠品，有的放矢，投其所好，从根本上保证了促销活动的成功。

一场赠品促销活动的最佳效果是：能强调产品品牌独特的优点，并凸显其市场地位；鼓励消费者继续使用其产品；刺激潜在消费大众的反应，尤其是可能成为真正使用者的反应。

那么，如何开展赠品促销活动才能起到最佳效果呢？

1. 开展赠品促销活动之前，要考虑活动的合理性，比如说这次赠品促销活动是否盈利，是否能得到顾客的认可。

2. 赠品选择要真心实意，精细并且使用率高，才能真正讨得顾客的欢心。有些商家的赠品是以劣质品来蒙骗客户，这是不可取的。

3. 赠品不能“喧宾夺主”。在价格上，赠品的价格要比主商品低，外形体积上，赠品应小于主商品。

但是每个推销员要知道，在推销产品时，向客户赠一些小礼品只是一种促销方法，完全可以以此举一反三，创造出更多更好的促销点子帮自己再创佳绩。

巧用性价比，让客户感到买的是便宜货

所有从事推销工作的人都已感到了，在现代商业社会，随着商品的逐渐丰富，销售行业竞争日益激烈，各种商品，千奇百怪，应有尽有。在众多商品面前，客户自然就产生了挑剔的心理并对同类产品进行比较。谁的产品稀、奇、特、新又廉价，谁就拥有和固定住客户。在销售中，人们经常会听到"性价比"一词。也就是说，我们除了要在产品质量、性能、功能等方面必须符合满足客户的心理预期外，还要在推销的时候下足工夫，尽量利用"性价比"来作文章，客户感到物美价廉，就会进行购买。比如：

一位顾客想买一条牛仔裤，他对售货员说："这个价格太贵了。"

销售员："您曾经有过买便宜货的经验吧？或者你也看到过有人低价买一些劣质品吧？'一分价钱一分货'，有的牛仔裤价格很便宜，甚至几十元就能买到一条，但洗过一次，掉色不说，又抽又皱，穿几天就扔掉了，你说，到底是便宜的上算还是高档一点的上算？"

人们都希望购买物美价廉的产品，这是客户一致的购买心理。销售过程中，价格异议似乎也是销售员最头疼的问题，因为不管你怎么强调产品如何便宜，可是客户却总会不厌其烦地和你讨价还价。而此时，如果我们能和案例中的销售员一样，把价格问题转到价值问题上，尽量让客户看到产品背后的价值，明白"一分价钱一分货"的道理，淡化客户对价格的敏感度，最终选择购买。

当然，除了在价格异议中我们需要让客户感受到产品的性价比外，销售中任何一个环节都需要我们向客户传输这一思想。因为价格问题会始终贯穿于整个销售过程。

让客户明白产品的性价比，自然是要有与之比较的对象，那么，具体的销售中，我们如何来利用产品的性价比呢？

1. 横向比较

所谓横向比较，就是销售员要把自己所销售的产品与竞争对手的产品进行比较，一般来说，我们可以从价格和价值两方面进行对比：

（1）价格对比

这种对比方法，可以说是最常见的，也就是销售人员用所推销的产品与同类产品进行比较，用较高的同类产品价格与你所卖价格作对比，从而让客户明显觉得你所推销的产品价格更便宜。

（2）价值对比

客户：我觉得你们的设备挺符合我们的要求，只是质量方面，我还是有点担心。还有，我觉得有些贵。

销售员：这个你完全可以放心，国家质检部门已经做过多次检验了，我们所有的设备合格率是90%以上，而且这个型号的设备质量比其他设备都要好，它的合格率达到了95%，而其他公司的产品才85%。

你看，这是产品相关的质量合格证、质检部门的检测报告……

目前这款设备已经在全国20多个城市销售了100多万台，重要的是直到现在我们仍然没有接到任何关于这款设备的退货要求。所以，你大可放心。听了这样的比较，多数客户是会认同的。

2. 纵向比较

所谓纵向比较，指的是销售员针对客户所提出的一些具体的价格问题，以比较的方法予以解决。一般来说，通常包括以下几种比较法：

（1）效能比较

客户："这个价格实在太高了，远远超出我的预算。"

销售员："那么，你认为在怎样的价格范围内你可以接受呢？"

客户："我们的最高预算是5000元。"

销售员："这和我们的产品差价是1000元。但你要知道，这是一次性的投资，可这种先进的机器，每个月会为你多增加200元的效益，也就是说，购买这种机器，不到5个月的时间，你就可以把差价给赚回来。

案例中，销售员就是在引导客户说出预期价格后，再把自己产品的价格和客户提出的价格进行比较，然后再在这个差额上做文章，最终让客户接受了自己的观点。

的确，与产品的总额相比，差额肯定要小得多，不会对客户产生更大的压力。这时，运用差额来说服客户就相对比较容易些。

（2）整体分解法

经验丰富的销售员经常会采用这种方法。它是按产品使用时间的长短和计量单位的不同来报价，把庞大的价格化整为零，隐藏价格昂贵的威慑力。这种方法使价格分散成较小的价位，实际上并没有改变客户的实际总支出，但却比总报价更加容易被人接受。

总之，只要价格合理，只要我们巧用对比，让客户感觉到物有所值，客户一定会购买。

第五章

尽量满足顾客的要求

——顾客的满足是完成购买的底线

在现实中，经常有推销员抱怨说，现在的顾客太挑剔了，太苛刻了，这是个事实，因为顾客的需求随着周边环境的不同而呈现出不同的要求，各种各样的环境及情形决定了顾客需求必然朝向多样化发展。而且，这种多样化的需求会越来越加剧，这对推销员提出了更高的要求，只有深入了解顾客的多样性需求，制定出有效的引导攻略，销售才能实现。

如何做顾客才会买

下篇

满足需求就是在促成购买

多数推销员在开始自己的推销生涯时，目的都是要解决自己的生活问题，而发展到为客户服务的转变是需要一个过程的，但也是让自己的业绩提升所必须的。

一旦你不再过分注重于自身利益的得失，开始一心一意地为客户着想、为客户服务，你的身边必定会出现许多前所未有的新机会，你也会与许多人发展出原本预料不到的良好人际关系。

在美国有一位推销员，名叫柯斯利，他经常四处游走推销货品。他在1920年的经济大萧条时期体验到了“助人”的道理，并且在他的推销工作中身体力行。事实证明，他取得了不凡的业绩。

那时，柯斯利住在靠近美国中西部的肯塔基州，他的业务范围却在东南部各州，因此他常常不得不穿过尘土飞扬的乡间小路，逐个村镇地推销他的货品——洋娃娃。

在当时的经济大萧条时期，许多家庭的基本生活都已经没了保障，谁还有心情去购买洋娃娃呢？但是柯斯利做起生意来却很有一套。他清楚顾客真正需要的是什么，所以他潜心研究出自己独到的推销方法——将洋娃娃作为“奖品”来卖。

当时，柯斯利推销业务范围中的小村镇上的店铺也受到全美国经济不景气的冲击，经营十分困难，时常会出现几家店铺同时倒闭的状况。柯斯利很清楚这些小店店主的困境，因此在登门拜访时，他与店主们谈论的只是小店的经营状况，并且出谋划策帮助他们摆脱困境，至于推销洋娃娃的事情却只字不提。

待他赢得了店主们的信任后，他才建议店主把他的洋娃娃作为奖品，到店的客人购物满一定的金额后，就送一个洋娃娃作为奖品。店主们都觉得这个方法很好，便向他先试着购买了几个洋娃娃，客人们的反应也不错。

小店铺的生意越来越好，洋娃娃的销路自然也就日渐兴旺，柯斯利每月赚得的销售佣金竟然高达一千美元。在经济最不景气的暗淡期，一千美元可是一笔很可观的数目！

柯斯利的成功之道在于：他清楚那些小店铺的店主们迫切需要的是什么，而且真心想帮助这些小店渡过难关。

德林是一家德国电脑公司的推销员，当他得知一家新开张的大公司需要购进一大批计算机时，便专程去拜访了该公司的董事长。当他刚刚走进董事长的办公室时，一位秘书模样的年轻小姐从门外探进头来，告诉董事长，她实在没有找到什么合适的邮票可以给他。

“我在为13岁的儿子收集邮票。”董事长对德林这样解释道。德林说明了他的来意，董事长却很遗憾地告诉他：“你的信息来得太迟了，因为我们公司的计算机订购工作已经结束。”董事长还善意地将公司已签署好的订购单拿出来给德林看。

虽然没有谈成生意，但董事长的独生子需要邮票的事，却深深地印在了德林的脑海里。第二天上午，德林再次来到这家公司，传话给董事长的秘书，说他有一些邮票要送给董事长的儿子，能否让他进去？董事长翻阅着德林带来的邮票，满面笑容地说道：“我的儿子约翰肯定会喜欢这几张中国邮票，这对他来说简直就是无价之宝！”

当董事长问他是否愿意出售这些邮票时，德林表示不卖，如果是为了卖钱，就早卖了，但这些邮票对于我来说，并没有多大的用处，我是特意来送给你的儿子做个纪念的。德林的这一举动令董事长感动不已。这一天，他们花了一个多小时谈论着邮票，从此也就交下了非同一般的友谊。一年后，这家公司扩大业务，就向德林购买了一大批计算机。

满足对方的需要既然是一种促销手段就不一定非要局限在谈生意上，也可以扩展到人情和帮助解决其他困难上，给人以真诚的帮助，不仅仅是高尚之举，也是一种长期的感情投资。这对于被给予者来说，是将来成为你铁杆客户的基础。

切实解决客户的需求

有些时候推销员也尽力了，但产品还是卖不出去的原因，不是产品不好，是产品解决不了客户的现实需求——这一问题解决了，让客户买单并不是难事。由于消费者差别化、个性化的消费需求，销售人员应该站在不同顾客的立场上去体会他的想法和需求。只有基于客户需求的销售才会创造价值、形成竞争力。

张瑞敏是海尔公司的CEO，一天他接到一位农民的投诉，抱怨洗衣机排水管老是被堵。于是便派服务人员上门维修，结果发现这位农民居然用洗衣机洗地瓜，由于泥土太大，堵塞了下水管。老农一句：“如果能有洗地瓜的洗衣机就好了”把服务人员逗乐了，服务人员最终帮其加粗了排水管。

回公司之后，服务人员把此事当笑话讲，但是，张瑞敏却眼前一亮，说：“满足用户需求，是产品开发的出发点与目的。我们可以开发创造出一个全新的市场。”

经过调查，张瑞敏发现四川农村有不少洗衣机用过一段时间后，电机转速减弱、电机壳体发烫。向农民一打听，才知道他们冬天用洗衣机洗红薯，夏天用它来洗衣服。

1997年海尔为该洗衣机立项，成立以工程师李崇正为组长的4人课题组，1998年4月投入批量生产。洗衣机型号为XPB40-DS，不仅具有一般双桶洗衣机的全部功能，还可以洗地瓜、水果甚至蛤蜊，价格仅为848元。首次生产了1万台投放农村，立刻被一抢而空。

张瑞敏说：“对顾客的要求说不合理是不行的，开发出适应顾客要求的产品，就能创造出一个全新的市场。”由此可见，海尔的最大优势在于对于客户需求的强烈关注。正是因为海尔人形成了对客户需求“敏感”的习惯，使得海尔产品的研发有了正确的创新方向。海尔借助这些创新的产品取得了令人瞩目的成就。只有充分了解并把握客户的购买特性与需求，才能更好地向其提供服务，创造财富。比如：

1. 解决客户的基本需求

如果客户明确地提出需要什么产品或服务，那是最简单不过的了。你需要做的就是按照顾客的需求为其介绍具体的产品并提供必要的服务即可。

2. 解决客户的潜在需求

客户并不是没有需求，只是在某些时候，他并没有发现自己的潜在需求。这个时候你就应该帮他们去发现、并通过友好的提醒和引导来满足客户的需求。

3. 解决客户遇到的问题

客户最需要被提供的服务和期待解决的问题往往也是客户最深层次的根本需求。一个强烈关注客户需求，并具备敏锐发现力的销售人才有可能像张瑞敏一样创造出一个全新的市场。

想用户之所想，急用户之所急。客户有问题，我们要善于发现，并帮他找到深层次的原因，提出解决方案。客户的需求中往往隐藏着巨大的商机。切记，能把握客户需求者才能实现推销计划。

激起顾客的兴趣是达成交易的基础

激起顾客的兴趣，简单地说，就是通过介绍，让顾客产生非要看看的好奇，或者产生“似乎对我有益”的想法。在推销活动中，推销员使顾客对商品产生的各种好奇、期待、偏爱和喜好等情绪，均可称为兴趣。它表明顾客对商品作出了肯定的评价。这些都是推销员在与客户交流沟通时所应注意的，同样这也是了解和确定客户想法的一个有效途径，并且直接决定了推销成败的关键，因为让客户产生兴趣在整个推销过程中起着承前启后的作用。兴趣是注意进一步发展的结果，兴趣又是欲望的基础，兴趣的积累与强化便是欲望。在推销过程中，如果推销员不能设法使顾客对商品产生浓厚的兴趣，就留不住客户，使推销工作落空。那么，顾客的兴趣究竟来自何处呢？

从大量推销实践来看，顾客的兴趣主要来源于商品的特性。从顾客的角度来看，这些特性能给他带来一定的好处和利益。

任何一名推销员都知道，顾客之所以购买某种商品或接受服务，并非完全是因为对它们有什么特殊的偏爱，而是在寻求购买了这些商品后将给他带来的那些利益。明白了客户的这一心理，某位制造商才经常告诫自己旗下的推销员："我们每年都能卖出 100 万台 1/4 英寸的钻孔机，但你们在平时的工作中一定要牢记，客户并不是需要 1/4 英寸的钻孔机，而是需要 1/4 英寸的钻孔。"同样，人们购买保险是因为他们相信这样做可以为自己的家庭与亲人提供财务安全保障。

诸如此类的例子，还可以举出很多，在此，只想再强调一下，每个顾客在被商品所打动而引起兴趣时，都是因为这些商品可能会给他们带来某些利益，也就是要成为一名创造出高业绩的杰出推销员一定要了解清楚客户的这种心理。

商品能给人们带来利益，是因为每个商品都有着与众不同的技术特性，或者称为产品的优点。正是商品的这些优点及可能带来的利益吸引着顾客，使他们对商品感兴趣。

通常，使顾客产生兴趣的商品特性大体有以下几种：

（1）经济实惠；

（2）新、奇；

（3）紧俏；

（4）客户正在寻找的。

……

当然，与商品相辅助的良好的配套服务，也能让顾客兴致勃勃。比如，对家电产品"终身保修"等。既然如此，为了尽快引起顾客的兴趣，推销员一开始就要向顾客介绍产品到底有哪些优点。

但仅仅是推销员的介绍，顾客印象不一定很深，也不一定完全相信，肯定不如一边听，一边再有些其他的配合来得好。俗话说："百闻不如一见"。意思就是说，要了解一件事情与其让别人解说一百遍，不如自己亲眼看一次，它表明了眼见为实的重要。

可见，要想继续保持顾客的注意力，引起其兴趣，就应给顾客以多种感官刺激，以证实商品的这些特性确实存在，并能为顾客所用。

证实的常用办法是示范。所谓示范就是当着顾客的面展示并使用商品，以显示出你推销的商品确实具备能给顾客带来某些好处的功能，以便使顾客产生兴趣和信任。

熟练地示范你推销的产品，不仅能吸引顾客的注意力，而且更能使顾客直接对产品发生兴趣。可以说，在推销中，引起顾客兴趣的主要手段就是示范。

推销员应该记住的是，无论推销哪种产品，都尽可能地作示范，也许顾客已经了解了你的产品，或者他对你的示范不大感兴趣，即便如此，也应作一下示范，而且，示范得越早，顾客的精力越集中，示范的效果就越好。通常产品越复杂越精密，就越有必要通过你的介绍使其具体化。

当你推销的产品无法携带，不能作实物示范时，你也可以利用模型、照片、纸和笔把产品生动、形象地介绍给顾客。你可以通过笔谈，写写画画进一步向顾客介绍你的产品。你应当记住所有的数据，当着顾客的面把数据写在纸上，或者用简单的图表显示出不同数据间的差异。

无数成功的推销实例表明，只要充分准备并发挥丰富的想像力，用图表几乎可以说明任何被推销的产品，并给顾客留下一种栩栩如生的感观印象。

曾有一家铸沙厂的推销员想向铸铁厂推销铸沙，当他会见该厂的采购经理时，一声不响地摊开一张报纸，然后从皮包里取出一袋沙突然倒在报纸上，顿时尘土飞扬。采购经理咳了几声大吼："你干什么？"这时推销员才说："这是贵公司目前采用的沙，是我上星期从生产现场取来的样品。"说着，又在地上铺开另一张报纸，又取出一袋沙倒在纸上，这时却不见尘土飞扬，这使采购经理十分惊异，引起了他的注意和兴趣，于是他就与推销员洽谈起来，结果该推销员又开拓了一家大客户。

可见，经过充分准备，示范时采用一些有趣的、富有戏剧性乃至惊险的动作，会使顾客产生出乎意料之感，可以有效地吸引顾客注意并引起兴趣。这是任何语言宣传所不能及的。

通常，推销员应该给顾客足够的时间提问题，而且，如果安全可行的话，要尽可能地让顾客参加示范。

但是，推销员在做产品示范时，应该记住的是，在顾客心存疑虑时，推销员不要迫使顾客过早下结论，以免对以后的推销产生不利影响。推销员应善于做说明工作，或用另外的办法示范，让顾客自然而然地产生兴趣。

从上面的叙述中，我们可以看到当我们真正了解了客户内心深处的真实想法，并因此而让客户产生浓厚的兴趣时，对达成交易是十分重要的。

明示产品带给客户的好处

购物是要花钱的，所以没有哪个人会去买不急用或不能给自己带来现实好处的产品的，推销员只有能准确判断或帮助客户找出他们想从产品中得到什么效益和解决方案，你的销售工作才能顺利展开。

如果一个人的衣服旧了，他会考虑买一件新衣服；如果急需一台电脑，他会考虑去买台新电脑，以便能够更好地工作；如果还没有房子，他会努力工作，攒钱买房子，以便有一个温馨的家……

只有人们需要的时候才买东西，并且买的东西能给生活上或心理上更多的满足感。当他们购买产品的时候，更关心产品带给他们自身的效益以及能够为他们解决多少问题。

从某种角度上说，客户购买的不是产品，而是对自身问题的解决和对自己需求的满足。他们希望用自己腰包里的钱交换销售员手中的“方案和效益”。按照商品等价交换的原则，即是：客户能从我们这里得到好处，他才会用等价的钱作为交换。

在每单销售中，客户购买或不买都有一个寻求自己关心的利益点的过程。这是客户必须确保的一件事情。只有他确定这种产品能够给他带来益处或能帮助他解决面临的问题时，他才可能购买。推销员的工作就是揭示这一关键的利益，进而说服客户，让他相信如果购买了你的产品或服务，他就会享有这些利益，自身心理上的需求会得到满足。同时，每单销售都有一个关键的阻碍，即客户迟疑或决心不买的主要原因。你要揭示出这一关键的阻碍，并想办法消除它的影响，让客户满意。

在你销售一件产品和服务的过程中有某种东西肯定是客户想得到的益处，或者说这种东西能够帮助客户解决现在面临的问题，你一定要通过倾听或提问，把它找出来，然后告诉客户，你的产品能够给他带来他想要的效益，帮他解决他想解决的问题。

如果他的购买决心还没有下，你可帮他把这种购买实现的好处讲给他听，以促进他下决心。

一位先生走进一家西服店，如果有自己满意又合适的款式，就准备买一套。

一位店员见他进来就热情地跑过来问："先生喜欢什么颜色？"

"我觉得黑色最适合先生的身材和气质！"

"还真是啊！"

"论款式呢，这一款你穿上真是气度不凡！"

"噢，不错！"

就这样，这位先生被说得心花怒放，"是吧，按先生的职业特点稍稍改变一下就是了！"

在接二连三的提问中，这位先生慢慢会觉得这套衣服就是最适合自己的，于是马上掏钱买下了店员推荐的这身西服。

如果你已经知道客户有购买的需求，而对方又迟迟犹豫不决时可以用这种方法，让对方在你不断的提问中知道自己想要从商品中获得什么益处或者想解决什么问题，并且让他觉得你所说的就是他想要的，这个时候他就会很快作出购买决定的。

在客户喜欢的产品上做导购

在惯常情况下，客户对自己喜欢的物品，舍得也勇于花钱，可以说个人偏好无时无刻不在左右着客户去做出个性化的购买决策。

就像有些人，对自己喜欢吃的食物，会百吃不厌；而对自己不喜欢的食物则是一点胃口都没有，根本就不想尝一尝。人们购物也存在这种现象。对自己喜欢的物品，某种情况下，就是花了整个月的工资也毫不顾惜，而对于自己不喜欢的物品，打折加派送礼品也不会去看一眼。这反映了人们在消费上的一种普遍心理：每个人都愿意为喜欢的东西买单，有时甚至忽略其重要的价格因素。

因为喜欢，因为感兴趣，所以值得拥有，客户的购买欲望也会因此大大增强。

22 岁的王娇是一家物流公司的员工，她平常喜欢向同事们炫耀买下的自认为得意的物品。有一次。她把她给男朋友的礼物向同事们展示——一小盒巧克力。同事们大失所望："就这个还值得炫耀？"她却得意地说："这是独一无二的！这是我跑到一家人气超旺的手工巧克力店亲手做的，6 小块儿，299 元。它象征我们俩的爱情天长地久！"同事们都笑起来。其中王大姐说："王娇也太好骗了，不就是把巧克力化了再冻起来吗，299 元，一点都不值！"王娇笑着不回应。她心里明白，无论自己再怎么解释，王大姐都理解不了她为什么要买它，就像她永远不理解王大姐为什么对大卖场打折的衣服情有独钟一样。王娇现在满心期待的，是男友的那份情人节礼物——那台 12 寸白色电脑。虽然男友刚刚毕业，几乎没有储蓄，却毫不犹豫地为她买下了它。

25 岁的外企职员田甜也同样是个喜欢购物的人。用田甜妈妈的话说，赚的钱不少，可惜，左手进右手出，全买了衣服了。田甜却说她可不是什么“败家女”，她可没那么傻，她买衣服关键还得看喜欢不喜欢。在田甜的衣柜里，既有攒了几个月工资买的限量版包包，也有大量她淘来的便宜宝贝，而买单的唯一标准就是“喜欢”！

为喜欢的“宝贝”买单，这是很多人非常乐意去做的事情。现在很多人的消费准则并不是一定要带有明确目的和实用意义，有时更多基于主观的喜好。“喜欢”正成为人们越来越主要的消费冲动。因此，做销售的，需要好好利用客户的这种心理。

在某外企公司任财务主管的白女士非常喜欢奔驰车，有一天，她来到奔驰车行，与销售顾问进行了将近一个小时的沟通，对某款车有了深刻的印象，并表现出强烈的购买欲望。72.5 万元的车预订要收 10%的定金，在即将签合同的时候，她拿着笔，问销售顾问：“我为了喜欢的车这么快就签，是不是太冲动了？是不是应该好好考虑一下？”

销售顾问陷入了两难的境地，如果承认客户比较冲动，是否意味着客户应该深思熟虑一下呢？如果否定客户这是冲动，这不是明显与事实冲突吗？毕竟是成熟老到的优秀销售顾问，他沉着地回答：“你当然是冲动啦！哪个买奔驰车的不冲动？奔驰就有这么大的魅力，就是这么打动人！你是在为你喜欢的宝贝车买单，有多少人有这个冲动却没有能力支付。拥有这款小型跑车是一种豪华的冲动，喜欢才是真的！你喜欢吗？”

客户边听边频频点头，连连说对，毫不犹豫地签了购买合同，支付了定金。

销售员应该做的就是洞悉客户的购买欲望，抓住客户的购买信号，并且在必要的时候不妨来个顺水推舟，积极促使客户购买。这样我们的目的就很容易达到。

通过激发欲望促成顾客购买

由于世上没有十全十美的产品，因此，客户往往会由产品的弊端而彻底放弃产品的优异之处，以求彻底的自我保护。我们由此可以推出其背后的趋利心理，从而掌握有顾虑心理的客户的销售方法。

对产品的顾虑心理，可以单独被认为是一种单纯的占有式心理，也就是对利益的一种追求。

有趋利心理的客户即使有异议，也会主动放大产品有利的部分，并去接受产品瑕疵的部分。因此在应对客户的趋利心理时，销售员要有不同的应对销售策略。比如：激发对方对产品的拥有欲望，就是一个很好的方法。

汤姆是某品牌家纺用品的销售员，他主要的产品销售方向是针对婴幼儿，因此总是与一些在妊娠期的准妈妈们打交道。

“一个家庭要增加新成员，就经济方面来说是有一定影响的。准妈妈们都想买到合理又好用的婴幼儿用品，而我销售的产品正是如此。”汤姆总是这样开场。

“女性客户往往掌握着家庭经济开销，她们的确很挑剔，尤其是关于家庭消费方面，她们会有价格与品质的要求。”“而对于婴幼儿产品来讲，母爱会让她们不像对其他方面那样计较价格，她们想要好的，希望自己的孩子一出生就能用上很好的用品。”

实际情况也正是如此。每当汤姆介绍自己的第一样产品“经济又实用”的时候，准妈妈通常会要求他拿出更好的，此时她们比以往任何时候都更注重产品的品质，而非价格。

“这一款真的要这么贵吗？”一位准妈妈问汤姆。

汤姆据实回答：“当然，因为它的材质较于这款价格稍低的要柔和许多，你没发现吗？摸一摸，这是专门为初生婴儿准备的最好的产品了。”

凡是显露出趋利心理的客户基本都可以确定为有购买欲望的客户，不然他们不会在一些很具体的，诸如价格问题上有不满。汤姆对自己的趋利销售模式进行如此解说。

“我的建议是，不一定要买最好的，选择了中高端的性价比就很好。但要选择更好的，可以持续使用，给自己的亲戚或者下一个孩子。”

汤姆贴心的建议很能影响准妈妈们的选择。

“我平时也会注重价格，但是要为我的孩子来做挑选，我觉得应该给他用更好的。所以我会选择中高端或者高端产品，虽然价格会比较高，但是这样会感到放心。”一位准妈妈如是说。

善用客户的趋利心理，就好像找到一个机关的关键位置，所有问题都迎刃而解。在销售过程中，每一名客户的趋利心理并不是完全相同的，比如有的顾客看中价格与品质，有的只想买到便宜的东西，有的则注重品质，价格的问题反而是次要的。汤姆很好地拿捏住了这一点，所以在婴幼儿产品销售中，他的业绩一直是最好的。

要成功地运用欲望的激励手段，需要注意：

1. 趋利心理多体现在对价格的反应上

价格是产品价值的最直观体现，人们通常也较倾向于用价格来判断一样商品的优劣——贵的自然好，便宜的自然质量要差一些。而在销售过程中，客户对产品的感受最直接反映在对产品价格的异议上。客户对产品的价格都会有异议，对价格表示不满是客户最常表现出来的。也就是说，趋利心理是每一个人都具备的。针对客户一开始就有的价格异议，销售员应当冷静面对。

2. 有效应对客户的趋利心理

客户的趋利心理大致可以分为三种类型：一是贵了。首先，销售技巧当中有一条，就是销售员在向客户销售产品时，通常第二款产品的价格要高于第一款产品，那么客户购买第一款产品的可能性就会变高。其次，直接询问客户是否贵了，要在与其他产品的比较当中凸显出我们产品的品质。二是觉得不值。销售员需要对自己的产品有信心，提到价格的同时，连带介绍产品的价值与利益，这更易于客户接受。第三，客户觉得不划算。这是客户对产品本身的价值还有疑问，销售员不妨跟进介绍价格更高的产品，表明价格更高的产品更具价值，以此提高客户对产品的认同度，再让客户作出购买贵的或者价格较低的决定。

一个推销员如在与客户的洽谈中，能很好地掌握住顾客的趋利心理，就能有针对性地进行说服了。

给顾客以选择的余地

其实，对于一个有实力、有文化的企业来说，每一样产品在制造之前，都会进行市场调查，对客户加以划分，销售员对市场也就有了清晰的选择。但这是否意味着产品就可以完全销售出去呢？答案是否定的。

从事销售工作，销售员一定要记住，我们所销售的产品绝对不是对客户没有用的，一定是客户需要的。也许客户不是很需要，但购买欲人人都有，至少在客户购买商品的那一刻，客户自己会认为他是需要这件产品的。

但是，推销员在作好种种调研和心理准备之后，还要做好应对顾客选择产品的准备。

诸如：为什么儿童的玩具、服装、用品乃至游乐设施都是五颜六色的？就是要满足不同孩子的不同需求。在这一点上，没有比玩具销售员王杰深有体会的了。从事玩具销售的他，深谙引起孩子好奇心的重要性和法门。

“孩子并不完全都是好相处的，具有购买力的不是孩子，而是带着孩子进玩具店的大人们，因此与其说我们在做吸引孩子的工作，倒不如说在做吸引大人的工作，所以这并不是哄好孩子就够的。”王杰略显无奈地说。

“看这里。想要做一个战士去战斗吗？”王杰正在给一个5岁的小男孩介绍玩具坦克，小男孩年轻的父母站在一旁。

小男孩在王杰的指导下按了坦克上的一个按钮，坦克发出亮光和声音，轮子也转了起来。男孩的父亲看上去也很感兴趣，他问男孩：“喜欢吗？”

还没等王杰答话，男孩的母亲却说：“哦，不，亲爱的，我不想让他对武器感兴趣。”

男孩的父亲不再说什么，男孩似乎也有些兴致索然。

“哦！没关系，让我们来看这边。”

三个人都好奇起来，王杰神秘地笑笑：“我们这里还出售火车。”

王杰又将男孩带到一个小火车旁边，这是一个较大的玩具，需要为火车铺设轨道，然后才能让小火车开起来。

“好像真的一样。”男孩的父亲说。

“哦，当然，这是仿真的玩具火车，材质非常好。很适合收藏。”

“收藏？”

“哦，是的，我的意思是，它很值得拥有，并且不容易坏掉，可以留着做纪念。”

王杰接过男孩父亲的话，并且动手拆开了一套小火车装备给小男孩玩。男孩的父亲也很快加入进来，男孩的母亲有些无奈地笑着说：“哦，不知道为什么，他们就是喜欢带轮子的东西。”

“那是因为我们是男人，是吧？小男子汉。”男孩的父亲拍拍男孩的肩膀。

“真的这么有趣吗？”男孩的母亲也凑了过来。

“当然。”男孩的父亲回答，并且递给她一个火车头。

一家三口最后非常愉快地买下了一套小火车装备。

孩子的注意力是比较好吸引的，在认知阶段，任何事物都可以引起他们的兴趣，但是作为拥有购买力的父母，他们有义务和责任决定孩子接受事物的对象。正如母亲认为坦克是武器，是暴力的象征，由此坦克在她这里被否决掉了。那么小火车呢，不仅孩子，连孩子的父亲也被小火车所吸引，母亲在心里对小火车没有对坦克那么排斥，外加看到丈夫和儿子都那么喜欢，自然而然地也就接受了。

第六章

让顾客无后顾之忧

——顾客更希望做无风险的消费

生活中，人们对于日常消费品的消费并不是考虑的太多，但是对于大件商品或在消费者的生活中占有重要地位的消费，是不会轻易出手的。应该说，这其中的主要原因即来自用户对消费结果的担心，比如，电脑的后续配置问题，保险的继承问题，按揭贷款买房的还款问题，而能清楚地为用户解答和提出解决方法，应是每位推销员的基本功之一。

善于解读客户拒绝购买的潜台词

现实中，有许多客户本来到供应商这里来就是为了购买，但他却经常以“价格太贵”、“还不急于使用”等等理由来拒绝。其实，客户说“贵”和其他原因的背后有许多潜在的内涵，销售人员只要读懂它们，就能实现交易。

那么，客户说价格贵的背后，其潜台词空间有哪些情况呢？综合起来，可以分为下面几种：

1.“潜台词”之一：价格比别人高

你的价格是不是真高客户也不确定，这需要摸清客户的评估准则，以便弱化价格，把竞争对手比下去，最后才能赢得订单。

有一位客户想租用企业邮箱，既能提升企业形象，也可以减少垃圾邮件和故障。他有几个选择，年费从500至900元不等。他想要便宜的，最终却选了一个最贵的。这是怎么回事呢？刚选择的时候，客户同样说的是：“你的价格太贵了！”

推销员问他：“你现在每天收到的垃圾邮件有多少？是如何处理的呢？”

客户说：“少说也有50封，很难清空。主要是一些有用的邮件甚至客户的邮件也夹杂在里面，所以必须一个一个地看。有一次因为没及时看到客户的问讯邮件，误了大事！”

“那真的不幸。除了垃圾邮件，你现在邮箱服务器的稳定性如何？”推销员接着问。

客户说：“经常停机检修，而且不定期。每次停机，邮件是收不到的。已经有客户对我抱怨了，就是因为邮件沟通的问题！”

这时，推销员见火候已到就建议说：“所以一个运行稳定、能有效隔离垃圾邮件的电子邮箱对你很重要！”

客户也确定："我想是这样。毕竟机会成本更重要，对了，你说过你们在这些方面有技术优势，怎么做的？"

通过上面的对话可以发现，客户对邮箱运营商评估标准的微妙变化：按重要性高低排列，对话前是"价格——防垃圾邮件——稳定性"，对话后则为"稳定性——防垃圾邮件——价格"。这种改变不是无缘无故发生的，而是销售人员有效影响了客户的购买决策准则，从而最后达成了合作。

2. "潜台词"之二：这个决定很重要，我要再考虑考虑

美国一家大型商用机器公司因为价格因素而丢单的情况时有发生，他们专门做了调查后发现，其中的64%不是因为价格。对此，客户是这样回答的："他们的宣传很好，可以具体一看，并不实用，甚至有的设计无用。"

"没错，他们的机器还挺好，可是换供应商总是很麻烦的事！"

"他们的机器质量的确不错，但听说在售后服务上很差劲。"

"新来的副总裁原来在他们的一个竞争对手公司工作，我可不想得罪他！"

显然，客户对你的产品或服务有顾虑，所以他们才以"价格贵"为借口，选择了拒绝。其实，对方心中真正想的是"我担心如果决定有错，会很被动！"这些解释不清的顾虑，可以称之为"负面后果"。显然，忽视或回避买家的顾虑信号，要比当面去探究这些潜在的风险更危险。请销售人员牢记这样一个准则，积极主动地消除客户的顾虑。

3. "潜台词"之三：我不是很急用

有位客户想卖掉自己的大众车，换一辆更好的。车商给他推荐了一辆最新款的车，并且把车的性能说得绘声绘色。但是，客户最后拒绝了，理由很简单，我先看看，并不急着用。然而，当天他就从另一个车商那里买了一辆更贵的车。

这是怎么回事呢？原来，第一次车商推荐新车的时候，描述新车多么时尚气派，但是这不是客户看重的地方，所以他没买，以价格太贵拒绝了。

第二个车商推荐新车的时候，没有描绘新车的具体性能，而是问客户现在的车是不是经常有故障，维修要占用多少时间，一年保养花费多少钱。这话一下子说到了客户的心里，所以客户就买了他的车。

显然，当客户说“贵”的时候，那只是一个借口，真正的问题在于销售人员没有把握好“需求认知”这一销售的关键环节，乃至完全忽视了客户的真实想法是什么，所以才一味地在那里自说自话。

因此，销售人员必须学会如何从解决客户问题的角度来考虑你的产品陈述，而不只是做一个机械的产品代言人。换句话说，销售人员首先要考虑你的产品能够解决客户哪些问题，不管这些问题是否真实存在，这样在需求认知阶段才能找准位置，成功拿下客户。

做销售不易，有许多似是而非的原因如你不善解读，就可能让“煮熟的鸭子飞了。”

消除客户对风险的担忧

有时候，推销员握着好的产品，要价又不高，但就是拿不到订单是什么原因呢？是客户不需要？是客户缺钱？都不是，是客户不信任推销员的承诺。现代商业社会中存在着许多消费陷阱，客户为此吃尽了苦头，因而由此心生不安全感。这种对产品或服务的不安全感是影响他们实施购买行为的一大障碍。销售中若采取适当的方式消除客户对风险的担忧，就很容易让他们放心大胆地购买你的产品。

某水果公司的采购员在果农老庄的果园转了又转，还是下不了决心签订单。他有他的顾虑，所以向老庄提出疑问：“上次在一家果园进的苹果，虽然个大、卖相也不错，但缺点是存在味涩、不脆、没有太多水分。上市场以后，刚开始卖得还不错，但是慢慢就没生意可做了。最后剩下的苹果卖不掉就都坏掉了，害得公司亏了不少钱。”

对于这个问题，老庄给客户解释说：“像你反映的这种现象，一般是用药物催红苹果而导致的。因为这种苹果的生长期太短，所以比正常生长的苹果在口感上会差很多。我们果园的水果全都是自然生长的，绝对没有运用任何催生技术。你可以随意从树上选一个，我给你摘下来尝尝你就知道了。”

尝过之后王先生觉得很满意，但是还有顾虑。这时候老庄察觉到了客户的担忧，说：“您可以完全放心，凡是我们果园出的每一个苹果上都贴有无公害农产品的标签，保证每箱苹果里绝不掺杂不良品。若有什么问题，你尽管再给我拉回来就是了。”

听到老庄这么说，这位采购员总算放心了，并且很痛快地签了订单。

每个客户都曾犯下过许多次购买错误。对失败的害怕心理及不安全感会导致客户不敢随意购买产品或服务。因此，要想拿下订单，首先就要消除客户对风险的担忧，直到客户不再犹豫，接受你推荐的产品为止。

为此，对于疑心较重的客户不妨采取以下的方法：

1. 提前试用的方法

不管顾客买不买，先热情地让他试一下，因为提前试用的方法，能在一定程度上也就是在心理上减少顾客对产品特别是新产品的一些不安全感。这样一来，客户的疑虑就会很快消除，信赖和信任感增加了，下订单的可能性也就增大了。

2. 保证质量，跟进服务水平

顾客买东西固然是想买质量好的，但是买东西的时候他又怎么知道质量好不好呢？不知道就会产生顾虑，所以就不会那么容易下单。这个时候就需要你为顾客送上一颗定心丸，那就是售后质量及维修保证。因为这种方法解决了顾客的后顾之忧，所以很容易打动他们。

不管是高高在上的老总还是下面的销售人员，都必须懂得客户心理。一次试用、一句保证对于客户来说就像强心剂一样，让他们变得“大胆”。只有减少客户对风险的担忧，才能获得更多的订单。

排除顾客的风险方能取信于顾客

推销员与顾客之间存在着利益关系，这是买卖双方都心知肚明的。也正因为如此，假如顾客与推销员实现买卖关系，顾客就担心存在着利益风险，尤其在顾客面对一个陌生的推销员时更是如此。实际上，假如一位客户将要与你建立业务关系，在此之前，客户虽然对你稍微有点了解，但还是不足以使他认定你是他可靠的业务伙伴，他与你的业务往来中肯定会有一些不确定因素，他怕承担由此而带来的风险。这时，你必须承诺可以消除这种风险，使对方没有后顾之忧，消除顾客购买的主要障碍。这是取得顾客信任的最好方法。

有一位庄园主想要为他的小女儿买一匹小马，他走遍了马市只看中了两匹小马。从各方面来看，这两匹小马都一样。第一个人告诉他，他的小马售价为 500 美元，想要就牵走。第二个人则为他的小马索价 750 美元。

卖 750 美元的卖主告诉庄园主，在他做决定前，他的女儿先试骑这匹小马 1 个月。他承诺除了将小马带到庄园主家之外，还自备小马 1 个月吃草所需的费用，并且派他自己的驯马人每周一次到庄园主家去教小女孩如何喂养及照顾小马。

在试用期结束时，他会驾车到庄园主家，或是将小马领回，将马房清扫干净，或是庄园主付 750 美元，将小马留下。可想而知，庄园主会买第二个人的小马，虽然第二个人出价稍微高一点，但高得有价值，而且不需要承担任何风险。

在推销行业，推销员应当认同这样一种观点：对顾客而言，更大的潜在风险比眼前稍高的付出更具破坏性，是一种更大的障碍。因此，推销员在与顾客交往时，首要的工作便是使这些顾客对风险的认知，改为对推销员的信任。

那么，如何做到这一点呢？在这里我们提出三个要求：第一，如果顾客不满意你的服务和产品，你要保证给顾客额外的补偿；第二，如果顾客要求退费，完全可以，并且给予客户以精神和时间上的赔偿；第三，保证产品本身的无风险性，并告诉顾客：即使他会遇到一些风险，都会由你承担。

让顾客把心放在肚子里

许多推销员推销的都是优质的产品可就是问津的多，订货的少，这是为什么呢？无疑都是伪劣产品惹的祸。所以，他们往往对销售员心存芥蒂，尤其是一些上门推销的销售员，在他们看来更是备受质疑的人。比如，销售员赞美了他，他不免要想：他为什么要赞美我？是不是别有用心？他这么做，是不是骗我的？销售员积极地向他推销产品，他会想：这么积极，是不是产品不好或有问题？

的确，现在社会上有许多骗子，让消费者深受其害，而骗子的行骗方法可能会仿效销售员的推销方式，所以客户看到销售员时就很容易想起被骗的痛苦经历，客户没有时间和精力去辨别销售员的真伪，所以他们把销售员和骗子联系起来，于是在潜意识中有些排斥销售人员。

所以，在销售的过程中怎样迅速有效地消除客户的疑虑，对销售员来说是十分必要的。因为聪明的销售员都知道，如果不能够从根本上消除客户的疑虑，交易就很难达成。

那么，销售员如何才能消除客户的疑虑呢？

1．真实地介绍自己的产品

有些客户担心商品的质量或功能，对商品没有足够的信心。此时，销售员不妨直接对客户说出产品的缺点，这比客户自己提出来要好得多。

首先，客户会对你产生信任感，觉得你没有隐瞒产品的缺点，是个诚实的人，这样他就愿意与你进一步交流。

其次，客户会觉得你很了解他，把他想问而未问的话回答了，他的疑虑就会减少。

最后，销售员主动说出商品的缺点，可以避免和客户发生争论，而且能拉近你和客户的关系，从而促成交易。

2. 让客户亲身检验你的产品

人们都有“耳听为虚,眼见为实”的心理。因此,即使你说得天花乱坠,客户也不会全信你，如果你在现场展示给客户看看，客户就会相信了。

有一家建材店老板，代理了一家著名厂家的产品，虽然价格略高，但质量是绝对的上乘。然而，单从外观上看，与那些质量低劣的建材相比，却看不出太大的区别。于是，质量低劣的建材凭着低廉的价格，抢占了大量的市场，因而建7材店老板的生意一直不是很好。后来，他想出了一个主意。

一个星期天，位于市中心的步行街上的行人如织，但人们并没有像往常那样进超市、逛商场，而是围着一个临时搭起的简易台看热闹。只见台子正上方挂着的横幅上写着“煮板论英雄”几个大字，台子左边和右边也各有一个硕大的条幅，左边条幅上写的是“煮遍天下木地板”，右边为“胜者奖励一万元”。台子正中间还放着一口大铝锅，锅里的水被烧得翻滚，水面上飘着一块时沉时浮的小木块。

上午10点，正是行人最多的时候，一位老板模样的人拿出一块木地板，对着围观的人大声说：“这是我们商店出售的正宗木地板，可以在滚烫的水里煮上两个小时而不弯曲、不变色、不变脆。如果哪位拿来的木地板在锅里煮上两小时，也像我们的一样，当场奖励一万元钱。”说着，他指了指桌子上的一捆钞票。

这时，围观的人更多了。

谁都知道，木地板怕水、怕潮。如果屋内潮气太大，地板就会拱起，要是放在水里浸泡，不一会儿就会变形。这位老板不仅把木地板泡在水里，而且还要把常温升为高温。

这时一个小伙子走上台，把手里的一小块木地板递给老板，老板顺手把它丢进了滚烫的锅里。

不到1分钟，老板用镊子把木地板夹了出来，用手猛地一抖，落下来一层粉末。老板大声说道："大家看看，这里面夹着的是锯末，不是真正的实木地板！"

见此，小伙子满脸怒气地说："上当了，买的时候他们说这是部优产品。我得找他们退货去。"

一个中年男子又递上来一块木地板块，老板也把它丢进锅里。3分钟后，老板拿出来给大家看，原来里面夹着的是一根根小木条。

不一会儿，又走上来一个老者，他把手里的一块木地板递给老板说："这是我托熟人买的，绝对是正宗的实木地板，不信你试试。"老板看了一眼，也丢进了锅里。

不到10分钟，老板把木地板捞了出来。这块直直的木地板也变了形。

老板见时候差不多了，便从锅里捞出那块木地板，大声说："大家看好了，这是我两小时前放进去的，到现在已经过去两个多小时了，完好无损，跟没有用水煮过的一模一样，大家可以过来瞧瞧。"

这下可不得了，展台被人们围了起来，有的问电话，有的问地址，有的问价格，老板趁机把准备好的名片和传单散发出去。就这样，这家建材店的生意火暴了起来。

老板的聪明之处就在于他善于展示自己产品的亮点，这比起单纯的口头介绍不知要胜过多少倍！如果不是这样现场展示，想必他们的商店仍旧是门庭冷落。

3. 让客户亲自动手尝试

如果仅仅让客户听介绍，有些人还是不会相信。这时，你就应该请客户亲自来试一下，他亲手做了，疑心也就完全消除了。

美国有一名叫做斯坦巴克的犹太人，在推销安全玻璃时，业绩一直都保持在整个北美地区的第一名。在一次顶尖业务员的颁奖大会上，主持人问："斯坦巴克先生，你是用什么方法让你的业绩始终处于领先的呢？"

斯坦巴克说："每次当我要去见一个客户的时候，我的皮箱里面总是放了许多截成15厘米见方的安全玻璃和一个铁锤子。每当我见到客户的时候，我就会问他：'你相不相信安全玻璃？'"

"客户说不相信的时候，我就把玻璃放在他们面前，拿锤子往上一砸。每当这时候，很多客户都会为我的举动而吃惊，同时他们会发现玻璃真的没有碎裂开来。然后客户就会说：'啊，真是太神奇了。'这时候，我再向他们推销玻璃通常能很快成交。"

当斯坦巴克讲完这个故事不久，几乎所有销售安全玻璃公司的业务员出去拜访客户的时候，都会随身携带安全玻璃样品以及一个小锤子。

但经过一段时间，他们发现斯坦巴克的业绩仍然维持第一名，都觉得不可理解。而在另一个颁奖大会上，主持人又问："大家现在都在效仿你做同一件事，为什么你的业绩仍然维持第一呢？"

斯坦巴克笑了笑，然后说道："原因很简单，我早就知道你们会效仿我的做法，所以从那以后我到客户那里，当他们说不相信的时候，我便把玻璃放到他们的面前，把锤子递过去，让他们自己来砸。"

当别人亲自经历了，疑心也就消失了。作为销售员，应该牢牢记住：在别人怀疑你的时候，解释是没有用的，最好的办法让他自己亲自试一试！

在销售过程当中，客户心存顾虑是一个共性问题，如果不能正确解决，将会给销售工作带来很大的阻力。所以销售人员一定要努力打破这种被动的局面，善于接受并巧妙地化解客户的疑虑，使客户放心地去买自己想要的商品。疑虑是心与心之间的一条鸿沟，销售人员要填平它。

让客户为销售的产品做结论

在推销产品的实践中，销售人员给客户介绍得再好，带来的效果也不会比消费者亲自试一次更好。亲自尝试才可以让客户真正知道产品性能的真实性，才更有利于让客户决定是否要购买。如果产品的质量无可厚非，性能也完全能满足客户的需求，那么不需要更多的介绍和推销，他自然会选择购买。

有一位资深的推销员说过这样一句话："客户在试用产品的时候关心的问题是产品能给他们的生活或工作真正带来什么，而令人痛惜的是，通常情况下销售员只提供给客户一份介绍产品的清单，却往往忽略掉怎样帮助客户将产品的这些特点转变为对客户有利的因素。当一个销售人员说'这是我们产品的新特点'时，对于客户而言实际上没有任何价值和意义，新的特点未必是满足客户需求最重要的因素，但是如果你加上一句'它可以为你的生活带来方便快捷的服务'，相信客户一定会对你的产品产生兴趣。"

通常来说，客户在购买产品时最最关心的问题实际上是产品的质量问题，他们很担心花了钱却无法买到一件称心如意的产品。但是，很多情况下产品的质量是无法单凭眼睛就可以观察出来的，需要客户亲自体验。由此看来，能够为客户提供合适的体验平台可以说是非常重要的。

毛超是一家生产清洁剂的销售员，进公司的时间还不到一年，但是他的销售业绩却排到了公司销售业绩的榜首，这一业绩令他的同事们感到非常意外和不解。毛超在推销工作中有什么绝活呢？原来，每次当他推销本公司的清洁剂的时候，都要随时带着一块玻璃和一瓶清洗剂来进行试用，在简单介绍完产品的功能之后，他就会邀请消费者亲自试用这种清洁剂，在试用过程中再对产品的细节进行更细致的解答。在客户看到产品效果的同时，也可以对产品的特点和细节有更深层次的把握，这样该产品的功效就得到了用户的认可。

由此看来，产品的好坏是由客户来决定的。那么销售人员就更应该想尽办法为客户能够亲身感受产品的功效而创造机会，当客户体验后仍旧感觉到这个产品的优势的话，那么这种成功的推销带来的影响应该是长期的。这样不但可以增强客户对产品的认识和好感，还可以增强客户对销售员本身及其产品的信任度，增强成交的有效性。

一位售货员对走进超市的一位顾客说："你好，请问你有什么需要？"

顾客说："我想要买一条丝巾。"

销售员指着不同颜色和款式的丝巾对顾客说："你看看你比较喜欢哪

一个款式的？”

顾客相中了一款紫色丝巾。

销售员忙说：“你眼光可真好，这些中就这款是卖得最好的。你可以带上，试一试效果怎样，你可以这样系，会更加漂亮。”

顾客照了照镜子说：“是啊，这样的确非常漂亮！帮我包起来吧。”

俗话说“说一百遍不如做一遍”，这真是一条普遍真理，能够让客户亲身体验产品的效果，会让客户对产品产生安全感，推销也可以达到事半功倍的效果。

如果一个销售员在销售产品初始，就能够为客户营造一个宽松自由的购买氛围，先让客户有机会亲身体验一下产品，在客户充分体会到产品所具有的价值后，再由客户自己决定是否购买。这样比用尽力量劝说客户购买的效果要好很多。

在销售中能够为客户的体验创造各种各样的机会，是销售员必须拥有的技能之一。只有当客户对产品有了亲身感受之后，他才能够知道这个产品的利弊在哪里，同时以巧妙的方式引导客户的想法，使得客户对产品留下一个好印象，这样才可以促使客户决定购买产品。

让客户有买对了的感觉

销售中，客户对产品提出一些疑问是很正常的事情。这并不表明他对你推销的产品持否定的态度。要知道，如果客户对你的产品根本就没有兴趣，那么他也不会和你浪费口舌的。

在这种情况下，无论客户的观点正确与否，我们都要以宽容的心态来接纳客户的意见，为客户做出合理的解释和正确的引导，并最终说服客户。美国著名的联合保险公司董事长克莱门特·斯通曾说过这样一句话：“销售员，首先要了解客户对产品的看法，并且能够主动提出来，并做出合理的解释，这样可以让客户更加愿意接受你的产品。这样做不仅可以避免客户的偏见，还可以把销售人员最为诚实可靠的一面呈献给客户，让客户产生信任感，既可以让客户了解产品的性能，又可以赢得客户的信任。可谓一箭双雕。”

有一个销售电磁炉的销售员正在向一位顾客介绍自己的产品：

他说：“我们的电磁炉，省电，省时，辐射小，它能做出生熟适中的可口菜，是现代家庭都不可或缺的好帮手……”

这位顾客说：“你说的是不错，但是我对你们的产品并不是十分了解，而且电磁炉的弊端很大，另外，你的电磁炉比其他同类的电磁炉价格也贵，我暂时还不想买。”

销售员说：“那你想要什么样的电磁炉呢？”

顾客说：“省电，耐用，价格也便宜……”

销售员说：“你要求的这几点都很合理，但是一分价钱一分货嘛，电磁炉的价位也是随着质量的变化而改变的，我们的产品因质量上有保证，价格才略高了点，但这款电磁炉的性价比还是很高的，你说是不是啊？”

听到销售员的介绍，客户不认同感在一点点的减弱。

销售员继续解释说：“我们的产品是用特殊的进口材料制成的，经过多次的实验，绝对是省电、辐射小的环保产品，你完全可以放心使用，你看这是我们产品质量认证书和专家鉴定证书。”

客户接过认证书，仔细地看了看，然后对产品摆弄了好一会儿，似乎已经有了要购买的想法。

销售员又说：“这种产品短期内是不会跌价的，但先买就先享受了，不是吗？”

顾客又有了新问题：“不知道你们的售后服务怎样？”

销售员说：“这个您不需要担心，我们的产品是三个月保换，终生保修，你可以看看，这是我们的保修合同。”说着销售员把合同递给了客户。

这时，在客户的脸上终于看到了喜悦的笑容，他爽快地掏钱了。

如果把客户的顾虑完全消除，我们也就把产品成功地销售出去了。有时候销售员不仅仅要卖出产品，还要打消客户顾虑，消除他们对产品的偏见和知识上的盲点。

如果能够解除客户心中的疑虑，也就可以消除客户对产品存在的固有偏见，这样也就扫除了心中障碍。在销售过程中，遇到客户对产品存在偏见是很正常的事情，这种情况下无论是产品存在的问题，还是客户情绪不稳定，各种情况都有可能发生，销售员应该保持宽容、隐忍的态度，不可以和客户发生任何正面的冲突，否则，客户的流失就会越来越严重。所以，我们要把握原则，适时、妥善地处理好客户的意见。

1. 倾听客户的意见

客户对产品产生偏见是常有的事情，如果销售员没有及时地了解到客户的意见，只是胡乱地猜测，那样就更加容易引发客户的误解。所以销售人员要多倾听客户心声，深层次地了解客户心中的真实想法，这是非常重要的。

作为销售员，还要引导客户把想法说出来，让客户把对产品的认识详细阐述出来。这样既可以使销售员了解客户的真实意图，还有助于改进产品。如果客户还没说出不满之处，你就已经列出了很多解决问题的办法，这样无意间你也向客户透露出很多信息，客户也就会有更多的理由来拒绝你的产品。

2. 耐心地解答客户的疑虑

当客户的偏见很难让你理解，甚至与你的想法相悖时，那你就需要好好考虑一下，这种偏见产生的原因是什么，然后才可以对事情做出正确的判断，再面对客户的说法时就会顺利很多。任何一个产品都不可能是十全十美的，客户对产品的挑剔一些也十分正常。关键在于正确地分析客户的偏见，找出客户对产品感到不满意的真正原因，然后逐一解决掉。而对于那些并不是十分重点的部分，就可以忽略不计了，比方说产品的颜色、款式、尺码等外在的因素，这些问题完全可以通过调换来解决，而客户的重点始终都是放在产品的质量问题上的。

切记，说服客户对产品的偏见，是以尊重客户为前提的，要以温和的态度为客户分析问题，这样才可以更加有效地说服客户。

成交后让顾客感到无后顾之忧

售货方要让顾客买的放心，无后顾之忧，他才敢消费。如果你没有这样的保证，顾客是不会买单的。买了，出现问题了他闹心，你也不省心。

李先生在一家超市花300元买了一款剃须刀，剃须刀很好使，也耐用，但一年后，刀头钝了，备用刀头的也用完了。按理说，刀头用到一定的时间钝了，换一个也正常，可当李先生去这家超市买刀头时，售货员说这款剃须刀已停产了，刀头也没有了。

这就是后顾之忧，是不利于销售的。在这方面，有一部分人十分短视，他们的销售业绩也一定不会很好，只有想顾客之所想才能让买卖兴隆。

一日，白女士去某服装店买衣服，买回来后发现衣服上面有股油漆的味道，无论怎么清洗都无法消除。无奈之下，她只得去退货。

到了服装店之后，店员马上表示出歉意，然后拿出一个看上去很精美的小瓶送给白女士，说这是一种专门为有异味的服装研制的，这种异味是由生产机器带上去的，不影响健康，你只要喷上这瓶叫“美味增爽剂”的雾剂，两次就可以消除异味，而且让你的服装闻起来又香又爽。如果不愿意还可以换一种同价位的其他款式。听了售货员的介绍，白女士心里由怒转喜，表示不换也不退，而且，过几天还要来挑选衣服。

在销售过程中，为了打消消费者的疑虑，我们通常会作出“包退包换”的承诺。这样一来，消费者才能放心购买。这个服装店就做得很到位，对白女士来说，她的放心体现在以下三方面：

第一，白女士买这件衣服的目的是想要获得与价格相对应的优质产品，尽管有浓重的油漆味道，但可以得到店家的处理。

第二，退换衣服虽然影响了白女士的消费预期，本来是想穿着新衣服去参加聚会，现在只能穿旧衣服去了，但还有下一次展示的机会。

第三，衣服穿起来增添新感觉。

由此看来，因为商店给顾客提供了良好的服务，所以服装店不仅没因为顾客找上门来而损失声誉，而且还增加了一个忠实的客户，销售让顾客无后顾之忧的产品才是销售正道。

利用真实的保障留住客户

销售工作中，推销员常常会犯这样的毛病：即在销售前后表现出不同的服务态度，在客户购买产品之前，对客户万分殷勤，但在对方交钱后就非常冷淡，对客户的承诺和服务也拖拖拉拉，敷衍塞责。因此，常有客户在购买的时候就产生了疑虑："你们能做到售后服务上的保证吗？"面对这种情况，如果销售员不积极主动地向客户保证，让客户消除购买的后顾之忧，那么就会前功尽弃。要知道，客户得不到绝对的安全感，是不会购买的。

小关应聘到某电器销售公司，在商场的电器专柜做促销。

"五一"节到了，商场的生意很红火，其他销售员们都忙得不可开交，可是小关忙了一上午还没开张，原因也很简单，就是不论她怎么说，客户总是问几个简单的问题，就走开了。直到下午，公司销售主管来商场专柜指导销售工作，小关的销售经过他都看在了眼里：

过了一会儿，有一位顾客前来问小关："我想买一个电饭煲，可听说你们店的电器一直以来名声都不是很好，是因为你们的售后服务很差，是真的吗？"

"不是，您误会了……"

“误会？那你有什么保证好的证据吗？”

“这，这……”小关一时语塞，不知道该怎么回答。面对一问三不知的小关，客户明显的很不高兴，转身要走，这时，销售主管走过来解围说：“不好意思，她刚来，我来回答你的问题吧。”

销售主管针对客户担心的售后问题做了相应的承诺，并拿出了客户意见反馈表,证明客户的担心是多余的。最终,他当着顾客的面填写了保修单，顾客打消了心中的顾虑，购买了商品，高高兴兴地走了。

可见，实际销售过程中，我们发现，很多客户都存在和案例中的客户一样的顾虑，那就是担心产品的售后问题，甚至有些客户把售后问题是否完善当成决定他们是否购买的决定性因素。因此，如果我们不能给客户绝对的售后保障，客户是不会购买的。相反，如果我们能在与客户的沟通中让顾客消费得放心，消费得舒心，也就满足了客户的心理安全的需要，那么客户没有理由不和你合作。

那么，作为一个销售员，当客户担心售后问题时，我们可以向客户展示全面的保障举措：

1. 以专业素质说服客户

一般来说，客户如果对产品本身比较满意，只是担心售后问题，就会从专业的角度询问销售员。因为对产品的售后保障问题是否熟知，是销售员专业知识中的一部分。如果销售员不专业，回答让客户不满意，客户自然就会心存戒备。所以，如果销售员想要从心理上赢得客户，就要加强专业知识的学习，在客户面前要显得更加专业。除此之外，销售员要注重个人形象的打扮，树立良好的外在形象，让客户从里到外都感觉你是专业的销售服务人员。客户对销售员认可基本上就是对产品的认可，自然也会相信你关于产品售后问题的回答。

2. 告诉客户产品的正确用法

有时候，客户在使用产品的过程中出现问题，原因并不在于产品本身，而是使用不当，造成客户对产品的误会。如果在客户购买产品前，我们就能告诉客户产品正确的使用方法并提醒他们注意事项。那么，客户就会觉得你是个负责任的销售员，能感受到你在真心实意地关心着他的安全，那么客户就会对你的善意给予回报，合作也就是水到渠成的事情。

3. 为客户提供具有实际意义的承诺

（1）质量保修承诺

比如，我们可以告诉客户："我公司对电热膜产品存在的质量问题十年内实行免费维修、更换。""十年后对电热膜系统实行有偿维修、更换，价格按当时市场价格计。对人工费实行优惠减免。""我公司对温控器产品存在的问题，两年内实行免费维修、更换。"

（2）服务承诺

比如，我们可以告诉客户："我公司拥有一批专业的地暖高级技术人员和完善的电热膜供暖系统检测设备。设有专门的技术部门指导电热膜供暖系统的安装，拥有一支经过严格训练的安装队伍，为用户提供一流的安装服务并实行售后跟踪服务。"

一般来说，我们可以从这几个方面保证产品的售后服务：

定期回访：由专门的售后服务工程师根据公司制定的售后服务计划，定期回访客户。

定期维护：售后服务工程师将根据公司制定的售后服务计划，定期对产品进行维护。

及时回复：接到用户的报修通知后，我公司的售后服务工程师将在最短的时间内到达现场，并保证在最短的时间内使用户恢复使用。

所以，作为销售员，让客户买得放心、给足客户售后保障是赢得客户的信任、完成销售的前提。